Karibu

Spracharbeitsheft 3

Erarbeitet von:
Astrid Eichmeyer, Maria Gönning, Heidrun Kunze,
Andrea Warnecke, Sabine Willmeroth

Wissenschaftliche Beratung:
Kerstin von Werder

Illustriert von
Svenja Doering und Susanne Schulte

westermann

Abbildungsnachweis:
S. 4: panthermedia.net/Ingrid Walter (o.l.), adpic/R. Haid (o.r.), panthermedia.net/Jürgen Wackenhut (m.), Peter Hirth/transit (u.l.); S. 25: Illustrationen von F.J. Tripp aus: Michael Ende, Jim Knopf und Lukas der Lokomotivführer © 1960 by Thienemann Verlag (Thienemann Verlag GmbH), Stuttgart/Wien; S. 30: www.roggenthin.de; S. 33: BE A GOOD SPORT © James Rizzi, www.james-rizzi.com. James Rizzi wird verlegt von Art28 - www.art28.com; S. 38: Frédéric Soltan/Corbis; S. 44: Astrid Lindgren, Illustrationen von Björn Berg, Mehr von Michel aus Lönneberga, Oetinger Verlag, Hamburg 1973; S. 45: picture-alliance (o.), www.saltkrakan.se (u.); S. 46: Astrid Lindgren/Ilon Wikland (Illustrationen), Madita und Pims, Deutscher Taschenbuch Verlag, München; S. 47: Cover: ADAC Verlag GmbH, München (o.l.), DAS RAVENSBURGER GRUNDSCHULLEXIKON VON A-Z © 2006 by Ravensburger Buchverlag Otto Maier GmbH, Ravenburg (o.m.), Asterix bei den Olympischen Spielen, erschienen im Egmont Ehapa Verlag und der Ehapa Comic Collection © Les Editions Albert René/Uderzo-Goscinny (o.r.), Jürgen Banscherus, Ein Fall für Kwiatkowski, Die Kaugummiverschwörung. Arena Verlag (m.l.), Die schönsten Märchen, Arena Verlag (m.m.), Hilke Rosenboom, Ein Pferd namens Milchmann © Carlsen Verlag GmbH, Hamburg 2005 (m.r.), Mit freundlicher Genehmigung des Kosmos Verlages, entnommen aus: Metz, GEOlino Pferde © 2007, Franckh-Kosmos Verlags-GmbH & CO. KG, Stuttgart (u.l.), CD: Astrid Lindgren, Pippi Langstrumpf, gelesen von Heike Makatsch © Friedrich Oetinger Verlag, Hamburg (u.r.); S. 48: Astrid Lindgren/Ilon Wikland (Illustrationen), Wir Kinder aus Bullerbü, Oetinger Verlag, Hamburg (u.r.); S. 50: Mit freundlicher Genehmigung des Kosmos Verlages, entnommen aus: Marx/Pfeiffer, Das wilde Pack © 2007, Franckh-Kosmos Verlags-GmbH & CO. KG, Stuttgart; S. 52: Astrid Lindgren/Ilon Wikland (Illustrationen), Die Kinder aus der Krachmacherstraße, Oetinger Verlag, Hamburg, Astrid Lindgren/Ilon Wikland (Illustrationen), Lottas Merkbuch, Oetinger Verlag; S. 54: Astrid Lindgren/Ilon Wikland (Illustrationen), Karlsson vom Dach (Gesamtausgabe), Oetinger Verlag, Hamburg; S. 58: Mit freundlicher Genehmigung von PLAYMOBIL. PLAYMOBIL ist ein eingetragenes Warenzeichen der geobra Brandstätter GmbH & Co. KG; S. 81: © geschnitten von Elisabeth Emmler/Archiv Deutscher Scherenschnittverein e.V; S. 92: Elefanten, Barbara Schneider-Rank; S. 93: iStockphoto/JohnPitcher; S. 104: Holde Kreul, Ich und meine Gefühle. Coverillustration von Dagmar Geisler © 1996 Loewe Verlag GmbH, Bindlach; S. 106: Wickie und die starken Männer © 2010 STUDIO100 MEDIA, www.studio100.de; S. 107: Universum Home Ent./Cinetext; S. 117: SSPL/ Science Museum (l.), W. M. Weber/TV-yesterday (m.l., m.r.), billyfoto/iStockphoto (r.); S. 122: Araldo de Luca/ CORBIS, W. M. Weber/TV-yesterday, Blume Bild/Kirsch, Jan Braun/VISUM, W. M. Weber/TV-yesterday (v.l.n.r); S. 126: ullstein bild – Will; S. 128: Der Tagträumer, Ian McEwan, Diogenes Verlag

Quellennachweis:
S. 32: Bull, Bruno Horst: Stadtleben. In: Kunterbuntes Sprachspielbuch, Herder Verlag, Freiburg 1979;
S. 45: Lindgren, Astrid: Man muss einmal Kind gewesen sein: Ein Selbstporträt der Friedenspreisträgerin. In: LIT 1978;
S. 128: McEwan, Ian: Der Tagträumer. Diogenes 2000;
S. 132: Hoffmann, Klaus W.: Anders sein. Aktive Musik Verlagsgesellschaft GmbH, Dortmund.

Trotz entsprechender
den Rechteinhaber a
Der Verlag ist für en
Berechtigte Ansprüch
Alle weiteren Beiträ

© 2010 Bildungsh
Westermann Schr
www.westermann

Das Werk und se   deren als den gesetzlich zugelassenen Fällen
bedarf der vorher   a UrhG: Weder das Werk noch seine Teile dürfen
ohne Einwilligung   uch für Intranets von Schulen und sonstigen
Bildungseinrichtu
Auf verschiedenen Seiten dieses Buches befinden sich Verweise (Links) auf Internet-Adressen. Haftungshinweis: Trotz sorgfältiger inhaltlicher Kontrolle wird die Haftung für die Inhalte der externen Seiten ausgeschlossen. Für den Inhalt dieser externen Seiten sind ausschließlich deren Betreiber verantwortlich. Sollten Sie dabei auf kostenpflichtige, illegale oder anstößige Inhalte treffen, so bedauern wir dies ausdrücklich und bitten Sie, uns umgehend per E-Mail davon in Kenntnis zu setzen, damit beim Nachdruck der Verweis gelöscht wird.

Druck A[1] Jahr 2010
Alle Drucke der Serie A sind im Unterricht parallel verwendbar.

Redaktion: Maike Götting
Herstellung: Nijole Küstner
Typografie, Layout und Umschlaggestaltung: Nijole Küstner
Bildbeschaffung: Dorothee Hartmann
Satz und technische Umsetzung: Druck- und Medienhaus Sigert GmbH, Braunschweig
Druck und Bindung: westermann druck GmbH, Braunschweig

ISBN 978-3-14-**120923**-5

Inhalt

Ich allein und wir zusammen	4
Wortsalat und Sprachenmix	18
Straßenlärm und Häusermeer	32
Lesemops und Bücherwurm	44
Familienband und Geschwisterzoff	56
Bastelspaß und Technikwunder	68
Abenteuerlust und Heldentat	80
Dickhäuter und Plagegeister	92
Schlitzohren und Sonderlinge	104
Immerzu und nimmermehr	116
Tagträumer und Lebensfragen	128
Wörterliste	140
Anhang	146
Fachbegriffe	154
Synopse	160

Tolle Ferien!

1) Erzähle.

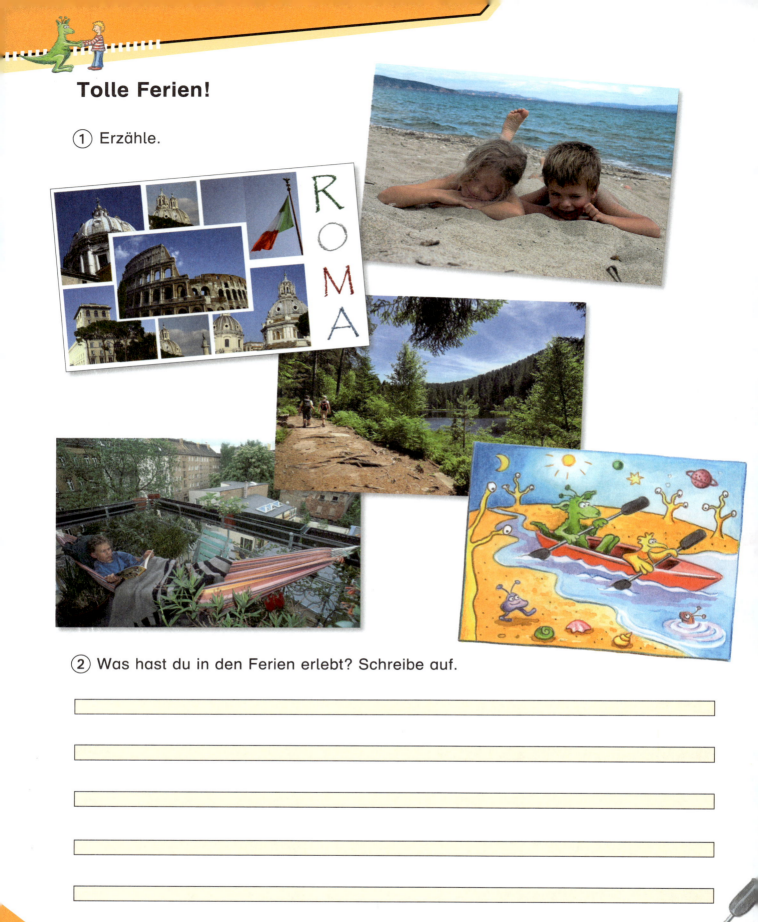

2) Was hast du in den Ferien erlebt? Schreibe auf.

Gesprächsregeln

① Was ist in der Klasse los? Erzähle.

② Gesprächsregeln können dieser Klasse helfen. Begründe.

③ Verbinde und ergänze die Gesprächsregeln.

Wer etwas sagen will,	gebe ich das Wort weiter.
Wer an der Reihe ist,	das gerade spricht.
Wenn ich fertig bin,	meldet sich zuerst.
Ich sehe das Kind an,	spricht laut und deutlich.

Wenn ein anderes Kind spricht, _____

Wenn ich etwas nicht verstanden habe, _____

④ Überlegt euch eigene Gesprächsregeln. Schreibt sie auf.

Ferienpost

① Lies und erzähle.

Essen, 15.08.2011

Liebe Katrin,

wie geht es dir? Bist du wieder gut zu Hause angekommen?

Erinnerst du dich noch an die kleine Katze, die wir entdeckt haben? Ich habe die Familie gefunden, bei der sie wohnt.

Was hast du noch in den Ferien erlebt?

Ich finde es toll, dass wir uns kennengelernt haben.

Vielleicht besuchen wir uns bald mal.

Ich freue mich, wenn du mir antwortest.

Viele Grüße
dein Jona

Jona Bukow
Ahornweg 1
45127 Essen

Katrin Schröder
Kleestr. 23
28195 Bremen

② Diese Merkmale sind in einem Brief wichtig.
Unterstreiche sie in der passenden Farbe in Jonas Brief.

1. Ort
2. Datum
3. Anrede
4. Grußformel
5. Unterschrift

In einem Brief schreibe ich auch von mir selbst.

③ Schreibe Katrins Antwortbrief. Beachte die Merkmale.   S. 147

Briefe schreiben

① Kreuze an, wem du schreiben möchtest.

☐ Freund/Freundin   ☐ Oma/Opa   ☐ _____

② Kreuze an, worüber du schreiben möchtest.

☐ über meine Ferien   ☐ über die Schulpause

☐ über die Schule   ☐ über mein Wochenende

☐ über mein Hobby   ☐ _____

③ Sammele Ideenblitze für deinen Brief. ➡ S. 146

④ Schreibe deinen Brief.

⑤ Schreibe zusammengesetzte Nomen mit Artikel auf.

Brief — Kasten, Papier, Träger, Taube

Heute bin ich die Brieftaube.

der Brief + der Kasten = der Briefkasten

_____

_____

_____

⑥ Unterstreicht die Artikel. Was fällt euch auf?

⑦ Findet weitere zusammengesetzte Nomen.

Tierfreundschaft

① Erzähle.

STALL SCHLÄFT KNABBERT TÜR
HÜPFT WEICH
KLEIN SCHWARZ
MÖHRE BRAUN HASE SCHNUPPERT

② Markiere die Nomen, Verben und Adjektive.

③ Schreibe die Nomen mit Artikel in Einzahl und Mehrzahl auf.

der Stall - die Ställe,

④ Schreibe die Verben in der wir-Form (Grundform) auf.

hüpft - wir hüpfen,

⑤ Schreibe die Adjektive auf.

Brainstorming

① Lies den Text.

Am Nachmittag geht Jan zu Maria. Ihre Eltern sind nicht zu Hause. Ihnen ist ziemlich langweilig. Da hat Maria eine tolle Idee. Sie will Jan eine geheimnisvolle, alte Kiste auf dem dunklen Dachboden zeigen. Mutig steigen sie die wackelige Leiter hoch. Plötzlich …

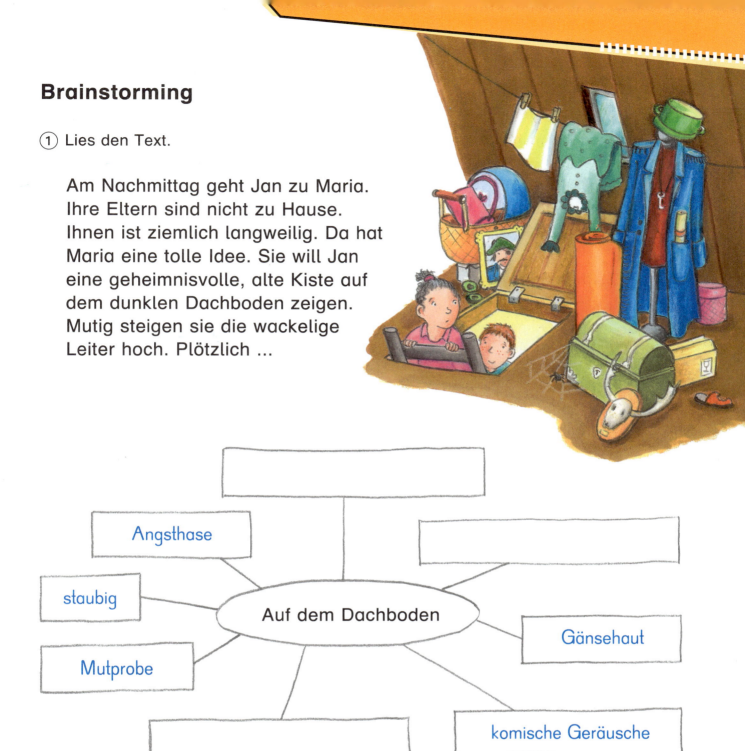

Auf dem Dachboden
- Angsthase
- staubig
- Mutprobe
- Gänsehaut
- komische Geräusche

② Kreise ein, welche Ideen du für deine Geschichte verwenden möchtest. Ergänze auch eigene Ideen.

③ Schreibe die Geschichte zu Ende.

④ Mache nun ein Brainstorming zu einer neuen Geschichte. Wähle dazu eine der Überschriften aus oder überlege dir eine eigene.

☐ Im Keller   ☐ Der Ausflug   ☐ _____

⑤ Schreibe nun deine Geschichte.   S. 146

Laute

Das sind Umlaute. Ein Umlaut ist auch ein Selbstlaut.

① Schreibe die Nomen mit Artikel in der Mehrzahl auf.

das Dorf → _____ der Vater → _____

der Bruder → _____ der Garten → _____

die Mutter → _____ die Tochter → _____

② Suche eigene Nomen mit Umlauten.
Schreibe sie mit Artikel in der Einzahl und Mehrzahl auf.

_____

_____

_____

③ Markiere die Selbstlaute.

laut   Mais   Eis   Schwein

Heu   Auto   Bäume   Eule

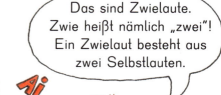

Das sind Zwielaute. Zwie heißt nämlich „zwei"! Ein Zwielaut besteht aus zwei Selbstlauten.

④ Markiere: Mitlaute   ●
Zwielaute   ●
Umlaute   ●

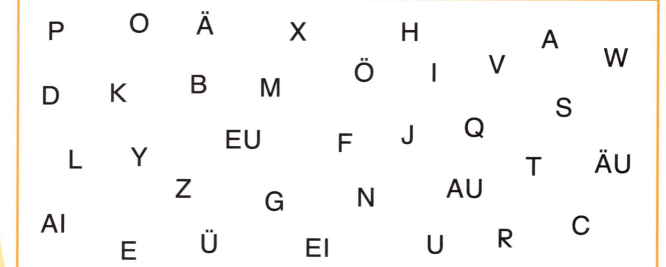

Grüner Stern

① Schwinge die Wörter. Markiere die Piloten.

| Schulbusse | Regenpause | Klettergerüst |

| Klassenregeln | Freundebuch | Schultasche |

② Schwinge die Wörter.
Trage i rot und ie blau ein.

sp___len   tr___nken   Zw___bel

T___nte   l___gen   s___ngen

F___ber   Br___lle   K___ste

Jede Silbe hat einen Selbstlaut.

③ Suche weitere Wörter mit i und ie.

Gelber Stern

④ Weiterschwingen:
Überprüfe und setze die passenden Buchstaben ein.

re___t   wir rennen   sprin___t _____
n/nn   g/k

Ba___ die _____   Hun___ _____
ll/l   d/t

T___r _____   ste___t _____
ie/i   h/h

⑤ Ableiten:
Überprüfe und setze die passenden Buchstaben ein.

f___llt _____   ___pfel _____
ä/e   E/Ä

l___ft _____   M___se _____
eu/äu   eu/äu

Roter Stern

① Schlage in der Wörterliste nach.
Schreibe die Seitenzahl und die Wörter auf.

S. _____   S. _____

S. _____   **4**   S. _____

S. _____   S. _____

Nachschlagen

② Sortiere die Wörter nach dem Abc.

Tafel   Heft   Anspitzer   Füller   Lineal   Bleistift

1. _____   4. _____

2. _____   5. _____

3. _____   6. _____

③ Sortiere auch diese Wörter. Achte auf den 2., 3. und 4. Buchstaben.

Kanu   Kerze   Katze   Kino   Kater   Kind

1. _____   4. _____

2. _____   5. _____

3. _____   6. _____

Groß – Klein

① Lies die Sätze. Markiere die Wortgrenzen.

HEUTESCHEINTDIESONNE.

DIEBLUMENBRAUCHENWASSER.

MAMAHOLTEINENEIMER.

EINEBIENESUMMTLAUT.

A a

② Schreibe die Sätze richtig ab.

Wortbausteine

③ Markiere den Wortstamm.

ablesen vorlaufen wegrennen verschreiben

④ Bilde mit den Vorsilben und dem Wortstamm SCHREIB neue Wörter.

vor
ver
ab
auf
be

schreib

vorschreiben

Viele Methoden  S. 152, 153

① Welche Methode kennst du, um Texte zu üben?

☐ Dosendiktat   ☐ Krabbeldiktat   ☐ Abschreiben

☐ Hosendiktat   ☐ Schleichdiktat   ☐ Wegschreiben

② Übe den Text mit der Abschreibtechnik.

Schreiben macht Spaß.

Wir üben gerne Wörter.

Wörter abschreiben kann jeder.

Los, probiere es doch auch einmal!

③ Lies den Text. Schreibt ein Partnerdiktat.

Mein Partner liest mir einen Satz vor.

Ich schreibe und spreche dabei mit.

Ist etwas falsch, ruft mein Partner „stopp".

Wir sprechen über das Wort und verbessern es.

Danach tauschen wir.

Schwierige Wörter üben

Bären   Ypsilon   Höhlen   See   Hexe   Erdbeeren

① Übe die Wörter im Spinnennetz.

② Ordne nach dem Abc.

1. 　　　　　　　　　　4. 　　　　　　　　

2. 　　　　　　　　　　5. 　　　　　　　　

3. 　　　　　　　　　　6. 　　　　　　　　

③ Sortiere die Wörter nach der Anzahl der Buchstaben.

1. 　　　　　　　　　　4. 　　　　　　　　

2. 　　　　　　　　　　5. 　　　　　　　　

3. 　　　　　　　　　　6. 　　　　　　　　

④ Schreibe mit jedem Wort einen Satz.

So kann ich den Satz des Kapitels erforschen

■ Ich lese den Satz.

Mia läuft mit ihrem Hund schnell auf den großen Parkplatz.

■ Ich ordne die Sterne zu und überprüfe.

Mia läuft mit ihrem Hund schnell auf den großen Parkplatz.

läuft → laufen   Hund → Hunde   schnell → schnelle

■ Ich markiere alle Nomen und schreibe sie mit Begleiter (Artikel) auf.

(Mia) läuft mit ihrem (Hund) schnell auf den großen (Parkplatz).

■ Ich markiere alle Verben. Ich schreibe sie in verschiedenen Formen auf.

Mia (läuft) mit ihrem Hund schnell auf den großen Parkplatz.

sie/er läuft — ich laufe, du läufst, wir laufen

■ Ich markiere alle Adjektive.

Mia läuft mit ihrem Hund (schnell) auf den (großen) Parkplatz.

Wie läuft Mia? schnell

■ Was kannst du noch erforschen?

■ Erforsche diesen Satz des Kapitels.

Kerim geht heute Vormittag in den neuen Zoo.

Mein Abschluss des Kapitels

① Lies und erzähle.

Ich arbeite für mich oder für die Klasse.
Ich denke mir eigene Aufgaben aus.
Ich habe noch Fragen, die sammele ich hier.
Ich schreibe auf, was ich gut kann.
Ich schreibe auf, was ich noch üben will.
Ich schreibe auf, was ich in diesem Kapitel gelernt habe.
Ich suche mir einen eigenen Satz des Kapitels.
Ich habe eine super Idee ...

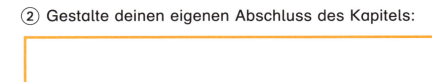

Beim Abschluss des Kapitels schreibe, male oder mache ich, was ich möchte. Was machst du?

② Gestalte deinen eigenen Abschluss des Kapitels:

③ Präsentiert euren Abschluss des Kapitels.

Viele Sprachen

① Erzähle.

② Markiere diese Wörter in allen Liedtexten und zeichne die Bilder.

1

Mein Hut, der hat drei Ecken,

drei Ecken hat mein Hut.

Und hätt er nicht drei Ecken,

dann wär er nicht mein Hut.

2

My hat, it has three corners,

three corners has my hat.

And had it not three corners,

it would not be my hat.

3

Min hatt, den har tre kanter,

tre kanter har min hatt.

Och har den ej tre kanter,

so är det ej min hatt.

4

Mien Hoot, de hett dree Ecken,

dree Ecken hett mien Hoot.

Un harr he nich dree Ecken,

denn weer he nich mien Hoot.

③ Schreibe die markierten Wörter in die Tabelle.

	🎩	3	△
1			
2			
3			
4			

④ Singt das Lied und denkt euch passende Bewegungen dazu aus.

Wörter mit seltenen Buchstaben

① Lies die Sätze, wie sie richtig sind.

⚀	Ein Xylophon	⚀	ist kein Computer.
⚁	Die Pyramiden	⚁	stehen in Ägypten.
⚂	Das Baby	⚂	liegt im Kinderwagen.
⚃	Obstquark	⚃	mixe ich mit dem Mixer.
⚄	Das Handy	⚄	ist in der Jacke.
⚅	Yilmaz	⚅	boxt mit dem Clown.

Wörter mit C/c, X/x und Y/y sind Merkwörter.

② Würfele nun Quatschsätze und schreibe sie auf.

Teekesselchen

(1) Lest mit verteilten Rollen.

Vater: Stell dir vor, eben im Supermarkt war eine riesige Schlange vor der Kasse.
Mutter: O nein! Das ist ja lebensgefährlich. Hat jemand einen Tierfänger gerufen?
Vater: Wie bitte? Nein, ich habe mich hinten angestellt!

(2) Warum ist die Mutter erschrocken?

(3) Was bedeutet „eine riesige Schlange vor der Kasse"?

Manche Wörter haben mehrere Bedeutungen.

(4) Tina und Hussan spielen Teekesselchen. Wie heißt es?

- Mein Teekesselchen steht oft draußen.
- Auf meinem Teekesselchen kann man sich ausruhen.
- Mein Teekesselchen steht in jedem Park.

- Mein Teekesselchen gibt es in jeder Stadt.
- In mein Teekesselchen kannst du hineingehen.
- In meinem Teekesselchen kann man Geld abheben.

Das Teekesselchen heißt: _____

(5) Erklärt das Teekesselchen-Spiel.

Redensarten

① Erzähle.

② Was meint Timos Mutter? Erklärt.

③ Was gehört zusammen? Markiere in der gleichen Farbe.

Schreib dir das hinter die Ohren!

Du hörst wohl schlecht!

Übertreib nicht so stark!

Mach doch nicht aus einer Mücke einen Elefanten!

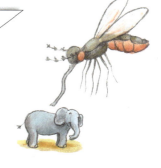

Verstehst du das nicht?

Du hast wohl Bohnen in den Ohren!

Merk dir das!

Hast du ein Brett vorm Kopf?

④ Finde andere Redensarten und erkläre sie.

Lügengeschichten

① Erzähle.

Warum kommst du so spät?

Also:
Kurz vor der Schule rannte mich ein Bär um.
Ich fiel hin und dabei flog mein Frühstück aus der Schultasche.
Der Bär schnappte es sich und wollte damit weglaufen.
Doch ich habe ihm ein Bein gestellt.
Das Brot flog durch die Luft. Ich fing es und lief weg.
Und weil ich so schnell laufen kann, bin ich jetzt schon hier.

② Die Lehrerin glaubt ihm nicht. Erklärt.

③ Du kommst mit deiner Freundin / deinem Freund auch zu spät in die Schule. Überlegt eine Ausrede.

④ Schreibe die Ausrede auf.

⑤ Gestaltet ein Ausredenbuch. ➡ S. 146, 150

(6) Mona möchte ihre Ausrede überarbeiten. Lest den Anfang ihres Textes.

Merle und ich gingen zur Schule.
Als Merle und ich im Park waren,
sahen Merle und ich ein Krokodil.
Merle und ich staunten:
Überall waren Tiere.

(7) Welchen Tipp zum Überarbeiten gebt ihr Mona?

Nomen kann man durch **Pronomen** ersetzen.
Mit Pronomen kannst du Texte überarbeiten.

Der Lehrer fragt. — **Er** fragt.
Merle erzählt. — **Sie** erzählt.
Das Krokodil schnappt. — **Es** schnappt.
Meine Freundin und ich laufen. — **Wir** laufen.

(8) Überarbeite Monas Text.

(9) Setze die passenden Pronomen ein.

Das Krokodil schnappte nach meinem Frühstück.
_____ fraß den Apfel.
Die Ziege jagte uns durch den Park.
Wollte _____ etwa auch etwas fressen?
Der Tiger biss in Merles Schultasche.
_____ roch ihr Wurstbrot.
Die Affen sprangen vom Baum.
Nun klauten _____ auch noch die Banane.
Merle und ich liefen schnell weg.
Und jetzt haben _____ Durst.

Verben verändern sich

① Setze die fehlenden Endungen ein.

Ich hole ein Buch aus dem Schrank.
Ihr hol___ eure Hefte aus der Schultasche.
Du hol___ den Schwamm.
Er hol___ die Mappen aus dem Regal.
Wir hol___ unser Frühstück aus der Dose.
Sie hol___ den Hausmeister.
Sie hol___ den Hausmeister.

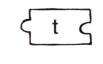

② Was fällt dir auf?

③ Unterstreiche in jedem Satz des Textes in ① das Wort vor dem Verb.

> Das alles sind **Pronomen**:
> ich – du – er/sie/es – wir – ihr – sie.
> Sie bestimmen die Endung des Verbs.

sie oder sie –
Einzahl oder Mehrzahl

④ Schreibe die Verbformen passend zu den Pronomen. Markiere die Endungen der Verben.

Einzahl	ich	male
	du	
	er/sie/es	
Mehrzahl	wir	
	ihr	
	sie	

Einzahl	ich	
	du	
	er/sie/es	
Mehrzahl	wir	schreiben
	ihr	
	sie	

⑤ Das Pronomen *wir* hilft uns, das *ß* hörbar zu machen.

Jim rei___t immer ein Loch in seine Hose.   wir reißen

Frau Waas schlie___t es mit einem Knopf.   wir _____

Nun hei___t er Jim Knopf.   _____

Das Wasser flie___t nicht in die Lok.   _____

Lukas begrü___t den Kaiser von Mandala.   _____

Er beschlie___t, Li Si zu befreien.   _____

⑥ Schreibe die Verbformen passend zu den Pronomen auf.
Markiere die Endungen der Verben.

Einzahl	ich	_____
	du	beißt
	er/sie/es	_____
Mehrzahl	wir	_____
	ihr	_____
	sie	_____

Einzahl	ich	_____
	du	_____
	er/sie/es	_____
Mehrzahl	wir	_____
	ihr	_____
	sie	heißen

⑦ Was fällt dir auf?

_____

_____

⑧ Schreibe Sätze mit allen Pronomen.
Verwende die Wortstämme ⟨ geh ⟩ und ⟨ schließ ⟩.

Wortfelder

① Lies den Text.
Ersetze *hubbele* durch verschiedene passende Verben.

Mein Wecker klingelt.

Ich _____ in das Badezimmer.
　　　hubbele

Angezogen _____ ich
　　　　　　　hubbele
die Treppe hinunter in die Küche.

Ich _____ zur Schule,
　　　hubbele
denn es ist schon ganz schön spät.

Der Unterricht hat schon angefangen.

Leise _____ ich an meinen Platz.
　　　　hubbele

② Lest euch eure Texte vor. Vergleicht die Verben.

③ Schreibt alle Verben aus eurer Gruppe in den Kasten.

④ Sucht weitere Wörter für *gehen*.
Schreibt sie dazu.

⑤ Kreise in deinem Kasten ein:
Wörter für *langsam gehen* blau,
Wörter für *schnell gehen* rot.

> Alle Wörter,
> die eine ähnliche Bedeutung haben,
> gehören zu einem **Wortfeld**.

6 Hier sind drei Wortfelder durcheinandergeraten.
Kreise in drei Farben ein.

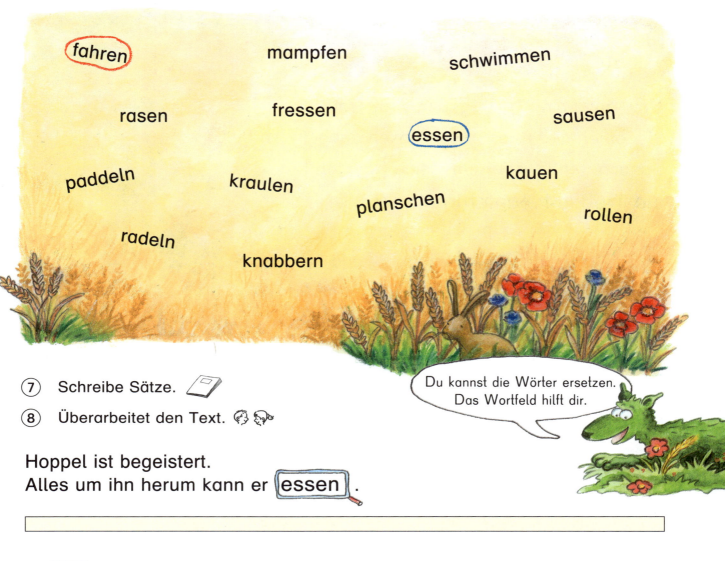

7 Schreibe Sätze.

8 Überarbeitet den Text.

Hoppel ist begeistert.
Alles um ihn herum kann er essen.

Er isst einen Grashalm.

Nun isst er an einer Möhre.

Er legt sich auf den Rücken.
Langsam isst er ein Korn nach dem anderen.

9 Vergleicht eure Texte. ➡ S. 148, 149

Sternenforscherseiten

① Lies den Text.

Beim Fußball

Timo und sein Bruder gehen zum Training.
Sie laufen vier Runden und boxen dabei in die Luft.
Danach rennt jeder um kleine Hütchen.
In einer Pause verschnaufen alle.
Sie trinken schnell ihre Flaschen aus.
Nun beginnt das Spiel gegen die andere Gruppe.
Timo flitzt wie ein Wiesel und schießt auf das Tor.
Jetzt zappelt der Ball im Netz.

② Ordne die markierten Wörter. Überprüfe.

Wort im Text	Sterne	ich überprüfe
	✦	
	✦	
	✦	
	✦	

③ Erforsche weitere Wörter aus dem Text.

mein Wort im Text	Sterne	ich überprüfe
verschnaufen		ver schnaufen

④ Markiere diese Wörter links im Text.

| ihre | boxen | vier | Training | jetzt |

⑤ Meine schwierigen Wörter:

⑥ Führt dazu ein Rechtschreibgespräch.

⑦ Ich übe den Text / die Wörter. Kreuze an.

| Abschreiben | Partnerdiktat | Dosendiktat | Schleichdiktat | Wörter üben |

Wiederholungsseiten

1 Setze passende Verben aus dem Wortfeld *gehen* ein.

Clemens _____ langsam zur Tafel.

Als es klingelt, _____ alle Kinder schnell auf den Schulhof.

Viele _____ beim Fußball hinter einem Ball her.

Manche _____ lieber Seil.

Nach der Pause _____ sie erschöpft wieder in ihre Klassen.

2 Ersetze die unterstrichenen Wörter durch Pronomen. Schreibe die Sätze überarbeitet auf.

Jim Knopf liegt in einem Paket.

<u>Jim Knopf</u> ist ein kleiner Junge.

Später reisen Jim und Lukas nach Mandala.

Dort wollen <u>Jim und Lukas</u> die Prinzessin befreien.

<u>Die Prinzessin</u> ist in Kummerland.

3 Verbinde mit verschiedenen Farben und schreibe die Sätze. Denke an die Großschreibung am Satzanfang.

ich			die Hausaufgaben an.
du		en	die anderen.
er	fang	st	seine Freundin.
wir	fäng	e	ihren Freund.
ihr			die Mädchen.
sie		t	mit dem Klassendienst an.

④ Überprüfe und setze s oder ß ein.

Papa nie__t am Tisch.

Dabei schmei__t er den Kakao um.

Der Kakao flie__t über meine Schultasche.

Papa ra__t zum Waschbecken.

Dann rei__t er ein Küchentuch ab.
Bald ist alles wieder sauber.

⑤ Erforsche den Satz des Kapitels.

Ali rennt schnell durch die Sporthalle und schießt ein Tor.

⑥ Mein Abschluss des Kapitels:

Straßenlärm und Häusermeer

① Lies das Gedicht. Erzähle.

Stadtleben

Tagtäglich sind wir in der Stadt,
die Staub und Lärm und Autos hat.
Sirenenton und Spatenschlag
und Pressluftbohrer jeden Tag.
Da werden Straßen aufgegraben,
woran wir keine Freude haben.
Lichtkabel werden hier verlegt.
Dann werden Bäume abgesägt.
Wenn man sich alles fertig denkt,
wird nebendran ein Haus gesprengt.
Hier wird gepflastert, dort gehämmert;
man selber fühlt sich ganz belämmert!

Bruno Horst Bull

② Begründe, warum Menschen sich in dieser Stadt nicht wohlfühlen.

③ Unterstreiche in dem Gedicht, wodurch Lärm verursacht wird.

④ Findet passende Geräusche zum Gedicht.
Lernt das Gedicht nun auswendig und tragt es vor.

⑤ Warst du schon einmal in einer Großstadt? Berichte.

6) Erzähle.

7) Lies den Text.
Was gibt es in Laylas Stadt? Unterstreiche.

Layla wohnt in einem Hochhaus in Berlin. Von ihrem Fenster aus hat sie einen tollen Blick über einen Park mit großen Bäumen. Dort gibt es einen Abenteuerspielplatz mit einer Kletterburg und Hängebrücken. Layla und die Kinder aus der Nachbarschaft treffen sich dort oft zum Spielen.

Gleich neben dem Park befindet sich das Jugendzentrum. Hier werden verschiedene Kurse angeboten. Bisher hat Layla schon an einem Fotokurs und einem Theaterkurs teilgenommen. Zum Einkaufen fährt ihre Familie mit der U-Bahn. In wenigen Minuten sind sie in der Fußgängerzone mit den vielen Geschäften. In der Sportabteilung des großen Warenhauses bewundert Layla ein Einrad. Später bummeln alle noch über den Markt. Sie kaufen frisches Obst und gönnen sich ein Eis. Als sie nach Hause fahren, sieht Layla noch das Werbeplakat für den neuesten Kinofilm.

8) Layla lebt gerne in ihrer Stadt. Begründe.

Leben in der Großstadt

① Wer lebt gerne in der Stadt? Kreuze an.

- Zum Glück brauche ich kein Auto, weil ich immer mit der U-Bahn oder Straßenbahn fahre.
- Ich kann gar nicht schlafen, weil es in der Stadt immer so laut ist.
- Ich lebe gerne hier.
- Mir gefällt es hier nicht, weil ich nicht alleine Rad fahren darf.
- Auf dem Land ist es viel schöner.
- Ich mag es hier, weil in unserem Haus viele Kinder wohnen.

② Unterstreiche die Begründungen. Was fällt dir auf?

③ Sammelt weitere Argumente für oder gegen ein Leben in der Großstadt. Schreibt sie auf ein Plakat.

- Menschen leben gern in der Stadt, weil
- es dort viele Geschäfte gibt.
- Menschen leben nicht gern in der Stadt, weil

④ Stellt eure Plakate in der Klasse vor.

⑤ Schreibe nun Stichworte **für** (pro) und **gegen** (kontra) ein Leben in der Großstadt auf.

für (pro)	gegen (kontra)
• Kinos	• Lärm
•	• viele Menschen
•	•
•	•
•	•
•	•
•	•

⑥ Möchtest du in einer Großstadt leben? Begründe.

Colin zieht um

① Colins Familie sucht ein neues Zuhause. Beschreibe dieses Haus.

② Lies den Text.

Das Haus mit der hellgrauen <u>Fassade</u> hat drei Stockwerke.
Die <u>Haustür</u> und alle <u>Fensterrahmen</u> sind aus dunklem Holz.
Eine <u>Treppe</u> mit drei Stufen vor der Haustür führt in das
Erdgeschoss. Von hier gelangt man über die <u>Terrasse</u>
in einen kleinen <u>Garten</u>.
Die Wohnung im ersten Stock hat genau über der Terrasse
einen <u>Balkon</u>. Im Obergeschoss befindet sich eine weitere Wohnung.
Unter dem roten, spitzen <u>Dach</u> mit den zwei <u>Schornsteinen</u> verläuft
eine <u>Dachrinne</u>.

③ Trage die unterstrichenen Fachbegriffe in das Bild ein.

④ Colins Familie hat nun ein Haus gefunden. Sie sind umgezogen.
Colin beschreibt seinem Freund Leon das neue Haus. Erzähle.

⑤ Lies Colins Beschreibung.
Woran erkennt Leon, in welchem Haus Colin wohnt? Unterstreiche grün.

Das Haus, in dem ich wohne, ist ganz neu. Es hat eine helle Fassade.
Die Haustür und die Fensterrahmen haben die gleiche Farbe.
Um das Haus hat mein Vater eine Mauer gebaut.
Auf dem Dach gibt es einen Schornstein.
Zwei Fenster im Obergeschoss gehören zu meinem Zimmer.
Ich finde mein Zimmer schön. Im Sommer sind wir oft
auf der Terrasse. Über der Haustür ist eine Lampe,
damit man im Dunkeln auf der Treppe
nicht stolpert.

⑥ Welche Teile in der Beschreibung treffen auch
auf das andere Haus zu? Unterstreiche blau.

⑦ Was gehört nicht zu einer genauen Beschreibung?
Streiche durch und begründe.

⑧ Beschreibe das Haus so, dass Leon es
leichter findet.

⑨ Beschreibe Colins Nachbarhaus.

 S. 147

- Beschreibe das, was besonders auffällig ist.
- Halte eine sinnvolle Reihenfolge ein.
- Benutze treffende Wörter und Fachausdrücke.

Adjektive

① Nila lebt in Mumbai. Sie berichtet von ihrer Schule. Lies und erzähle.

Ich darf in die Schule gehen.
Das Lernen ist manchmal anstrengend,
aber unser Lehrer ist sehr nett.
Er sagt, dass ich klug bin.
Das Klassenzimmer ist eng.

② Markiere die Adjektive.

③ Schreibe die Adjektive auf. Überprüfe die Schreibung am Wortende.

anstrengend → das anstrengende Lernen
_____ → der _____ Lehrer
_____ → das _____ Mädchen
_____ →

④ Schwinge weiter und vervollständige die Wörter.

Die Blumen sind gel__. → die gel__en Blumen

Das Buch ist spannen__. → das _____

Die Lehrerin ist stren__. → _____

Obst ist gesun__. → _____

⑤ Finde das Gegenteil. Überprüfe mit dem Stern.

Was nicht kurz ist, das ist _____.

Wer gesund ist, ist nicht _____.

Was nicht eckig ist, ist _____.

⑥ Markiere die Wortbausteine am Ende.

lustig fröhlich traurig ängstlich dreckig pünktlich richtig ekelig glücklich schmutzig langweilig natürlich mutig gefährlich artig

⑦ Trage die beiden Wortbausteine ein.

⑧ Setze den passenden Wortbaustein ein.

GEMÜT	+	LICH	=	gemütlich
SONN	+		=	
HEIM	+		=	
WICHT	+		=	
FREUND	+		=	
ECK	+		=	
ÄRGER	+		=	
SCHRECK	+		=	
GIFT	+		=	

Genau!

⑨ Schreibe mit den Adjektiven Sätze ins Heft.

⑩ Suche je 5 Adjektive mit den Endbausteinen ig und lich .

-ig oder -lich? Wenn du dir nicht sicher bist, schwinge weiter.

Sternenforscherseiten

① Lies den Text.

Julian zieht mit seiner Familie in eine große Stadt.
Für alle ist es sehr spannend.
In dem Haus leben
fünf Familien und vier Hunde.
Julian jubelt: „Dann kann ich auch ein Tier haben!"
Sein Vater sagt freundlich:
„Das können wir überlegen."
Sie schauen Fotos von den Räumen an.
im Obergeschoss an.
Julians Zimmer hat ein Fenster und einen Balkon.
Das wird sicherlich gemütlich und sonnig.

② Ordne die markierten Wörter. Überprüfe.

Wort im Text	Sterne	ich überprüfe

③ Erforsche weitere Wörter aus dem Text.

mein Wort im Text	Sterne	ich überprüfe

④ Markiere diese Wörter links im Text.

| Stadt | sehr | dann | von |

⑤ Meine schwierigen Wörter:

⑥ Führt dazu ein Rechtschreibgespräch.

⑦ Ich übe den Text / die Wörter. Kreuze an.

Abschreiben	Partnerdiktat	Dosendiktat	Schleichdiktat	Wörter üben

Wiederholungsseiten

1 Schwinge weiter und setze die fehlenden Buchstaben b/p, d/t oder g/k ein.

Das Wetter ist trü__.   das trü__e Wetter

Der Mann ist blin__.   der

Die Rose ist wel__.

Das Dach ist schrä__.

Die Haare sind blon__.

Die Suppe ist kal__.

2 Finde das Gegenteil. Überprüfe mit dem Stern.

Wer nicht schwach ist, der ist _____.

Was nicht langweilig ist, das ist _____.

Was nicht weit ist, das ist _____.

Was nicht zahm ist, das ist _____.

3 Beschreibe das Haus genau. Denke an die Tipps auf Seite 37.

④ Setze die richtigen Pronomen und passende Adjektive ein.

Timo fürchtet sich im Dunkeln. ____ ist _____.

Susi macht ihre Hausaufgaben. ____ ist _____.

Im Angebot kostet das Spiel nur 5 Euro. ____ ist _____.

Morgens begrüßen wir unsere Lehrerin. ____ sind _____.

Der Bus kommt morgens nie zu spät. ____ ist _____.

Josi gewinnt oft beim Sport. ____ ist _____.

Manche Pilze darf man nicht essen. ____ sind _____.

billig *pünktlich* *höflich* *fleißig* *giftig* *sportlich* *ängstlich*

⑤ Erforsche den Satz des Kapitels.

Die Verkäufer aus der Bäckerei in der Stadt sind nett.

⑥ Mein Abschluss des Kapitels:

43

Die Welt von Astrid Lindgren

① Lies und erzähle.

In dem Buch „Michel" geht es um einen Jungen,
der auf dem Hof Katthult in dem Dorf Lönneberga wohnt.
Das liegt in Schweden. Sein Name ist Michel Svensson.
Michel ist 5 Jahre alt und wirklich sehr stark.
Er ist ein kleiner, wilder und eigensinniger Junge.
Michel hat große blaue Augen,
ein rundes rotbackiges Gesicht und helles wolliges Haar.
Zwei wichtige Dinge sind typisch für Michel:
seine blaue Mütze und seine Büchse.
Das ist ein Holzgewehr, das ihm
der Knecht Alfred geschnitzt hat.

② Unterstreiche im Text die wichtigen Stichworte für den Steckbrief.
Schreibe den Steckbrief.

Name: _____

Wohnort: _____

Alter: _____

Augen: _groß und blau_____

Gesicht: _____

Haare: _____

Größe: _klein_____

Kleidung: _____

Besonderheiten: _____

_____

③ Finde noch mehr Informationen zu Michel.

④ Kennst du noch andere Bücher von Astrid Lindgren? Erzähle. S. 147

(5) Betrachte die Bilder und lies den Text.

"Man muss nur selbst einmal Kind gewesen sein – und sich so ungefähr daran erinnern, wie das war."

Woher kommen die Ideen?

Astrid Lindgren wurde 1907 auf einem Bauernhof in Näs in Schweden geboren. Sie hatte dort eine glückliche Kindheit. Viele Geschichten aus ihren Büchern erinnern an diese Zeit.

Die Geschichten von Michel hat Astrid Lindgren zum Beispiel erfunden, um ein kleines, weinendes Kind zu beruhigen: „Rate mal, was der Michel damals angestellt hat!" Da hörte das Kind auf zu schreien. Es wurde neugierig.
Astrid Lindgren dachte sich dann immer neue Streiche über Michel aus.

Außerdem erzählte ihr Vater viel von seiner Kindheit.
Er erinnerte sich an die Spiele und die Arbeit auf dem Bauernhof.
Für Astrid Lindgren war ihr Vater wichtiger als jedes Lexikon, denn die Geschichten von Michel spielen in der Zeit, als Astrids Vater selbst ein kleiner Junge war.

Haus der Familie auf Näs

(6) Wie sind die Geschichten von Michel entstanden? Unterstreiche im Text und erzähle.

(7) Gestaltet ein Plakat zu Astrid Lindgren.   ➡ S. 150

Bücher vorstellen

① Beschrifte.

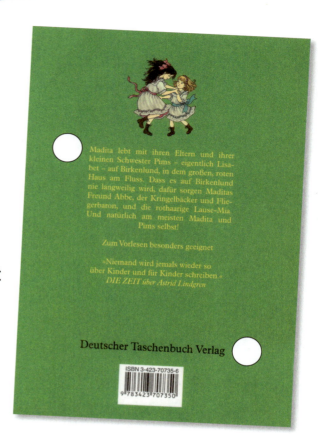

1 Autorin
2 Titel
3 Verlag
4 Titelbild
5 Klappentext

② Was bedeuten die Fachbegriffe?

Die _____ hat die Geschichte von Madita geschrieben.

Auf dem Bucheinband steht der _____ des Buches.

Hier zeigt das _____ die wichtigste Figur aus dem Buch.

Der _____ hat das Buch hergestellt.

In dem _____ auf der Rückseite steht etwas

zum Inhalt des Buches.

In dem Buch steht, wann es gedruckt wurde

und wer die Bilder gezeichnet hat.

③ Lies den Klappentext.
④ Könnte dir das Buch gefallen? Begründe.

Mir könnte das Buch gefallen, weil ...

⑤ Wie wählst du ein Buch aus? Erzähle.

⑥ Jeder Verlag stellt verschiedene Bücher und Hörbücher her. Ordne zu.

Sachbuch   Comic   Roman   Hörbuch
Reiseführer   Krimi   Märchen   Lexikon

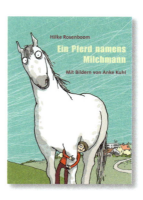

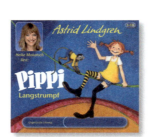

Ich spreche laut und deutlich.

Ich spreche langsam und mache Pausen.

Ich schaue meine Zuhörer an.

⑦ Was liest du gern? Schreibe auf und begründe.

⑧ Wähle ein Buch aus und stelle es vor.

⑨ Buch oder Hörbuch? Was gefällt euch besser? Erzählt und begründet.

Mit Adjektiven vergleichen

① Ole, Lasse und Bosse sind Freunde.
Sie vergleichen sich. Schreibe auf.

schnell

Ole ist schnell.
Lasse ist schneller.
Bosse ist am schnellsten.

klein

Lasse ist
Bosse

stark

② Markiere die Veränderungen. Was fällt dir auf? Erzähle.

> Mit den meisten Adjektiven kann man vergleichen.
> Sie verändern sich in der 1. und 2. Vergleichsstufe.
>
> | schnell | schneller | am schnellsten |
> |---|---|---|
> | Grundstufe | 1. Vergleichsstufe | 2. Vergleichsstufe |

③ Vergleiche. Schreibe Sätze.

Schreibe so: Der Tiger ist schwerer als die Ameise.

  lang schwer

witzig leicht gefährlich

④ Schreibe eigene Vergleiche mit weiteren Tieren.

⑤ Lies den Text.
Unterstreiche die Adjektive und ihre Vergleichsstufen.

In Bullerbü ist es am schönsten. Im Sommer ist es sehr warm.
Kerstin ist am kleinsten. Sie ist jünger als die anderen Kinder.
Die Jungen sind frech. Sie reiten auf dem Stier, der sehr groß ist.

⑥ Übertrage die Adjektive in die richtige Spalte und ergänze.

Grundstufe	1. Vergleichsstufe	2. Vergleichsstufe
schön	schöner	am schönsten

⑦ Markiere den Wortstamm.

⑧ Setze das Adjektiv in der richtigen Form ein.

mutig

Lisa ist so _____ wie Lasse.

Lasse ist _____ als Bosse.

Inga ist _____ .

> Auch Adjektive haben einen Wortstamm.
> Wenn sich das Adjektiv verändert, wird der Wortstamm meist gleich oder ähnlich geschrieben.
>
> klein – kleiner – am kleinsten
>
> warm – wärmer – am wärmsten

⑨ Suche die Vergleichsstufen dieser Adjektive in der Wörterliste.

gut

hoch

viel

Über Bücher schreiben

① Max hat einen Artikel für die Schülerzeitung geschrieben.
Lies seinen Artikel. Erzähle.

> Autorenlesung
> Mucksmäuschenstill war es am Montag
> in unserer Aula. Dort las der berühmte
> Autor Boris Pfeiffer aus seinem Buch
> „Das wilde Pack" vor. Das wilde Pack
> ist eine Bande von Tieren, die in dunklen
> kalten U-Bahn-Schächten und Höhlen
> unter der Stadt lebt. Die Tiere haben
> nur ein Ziel. Sie wollen endlich wieder
> in Freiheit leben. Dabei erlebt das wilde
> Pack viele spannende Abenteuer.
> Max, Klasse 3a

② Unterstreiche die Wörter, die über den Rand geschrieben wurden.
Sprich sie in Silben.

③ Schreibe die unterstrichenen Wörter nach Silben getrennt auf.

Mon-tag

④ Schreibe diese Sätze nach Silben getrennt auf.

Fiese Fliegen haben keine Fliegengitter.

Die Tatzen der Katzen kratzen Kratzer in Matratzen.

> Am Zeilenende kann man die Wörter nach Silben trennen.

Richtig schreiben

① Löse das Rätsel.

der 5. Monat im Jahr: ___ ___ ___
                         3

Elektronische Post: ___-___ ___ ___
                              4

schwerer Wirbelsturm: ___ ___ ___ ___ ___ ___
                       1   7

Raubfisch: ___ ___ ___
                6

Kinder ohne Eltern: ___ ___ ___ ___ ___ ___
                                       5

Herrscher eines Landes: ___ ___ ___ ___ ___ ___
                                           2

Lösungswort: ___ ___ ___ ___ ___ ___ ___ g
              1   2   3   4   5   6   7

Mai E-Mail Hai Waisen Taifun Kaiser

② Die Rechtschreibung einiger Wörter kannst du nur durch den Inhalt des ganzen Satzes erkennen. Unterstreiche und erkläre.

Die Seite eines Buches ist dünn.
Die Saite einer Gitarre kann schnell reißen.

Das Brot wird zu einem Laib geformt.
Den Körper eines Menschen nennt man auch Leib.

Die Art und Weise, ein Lied zu spielen, ist unterschiedlich.
Eine Waise ist ein Kind ohne Eltern.

③ Bilde zusammengesetzte Nomen. Schreibe sie mit Artikel auf.

Mai + Glöckchen   das Maiglöckchen

Mais + Kolben

Kaiser + Krone

Frosch + Laich

Waisen + Haus

51

Sternenforscherseiten

① Lies den Text.

Lotta, Mia und Jonas leben in der Krachmacherstraße.
Diesen Straßennamen hat sich ihr Vater überlegt.
Lotta ist drei und am jüngsten.
Jonas ist am ältesten.
Obwohl er noch nicht zur Schule geht,
kann er aber ein wenig schreiben und lesen.
Lotta ist wütend, denn sie ist nicht so groß wie ihre Geschwister.
Jonas läuft mit Mia täglich zum Markt.
Heute essen sie Mais und lutschen Bonbons.

② Ordne die markierten Wörter. Überprüfe.

Wort im Text	Sterne	ich überprüfe
	☆	
	☆	
	☆	
	☆	

③ Erforsche weitere Wörter aus dem Text.

mein Wort im Text	Sterne	ich überprüfe

④ Markiere diese Wörter links im Text.

obwohl   ihr   Mais   denn   Bonbons

⑤ Meine schwierigen Wörter:

⑥ Führt dazu ein Rechtschreibgespräch.

⑦ Ich übe den Text / die Wörter. Kreuze an.

Abschreiben	Partnerdiktat	Dosendiktat	Schleichdiktat	Wörter üben

Wiederholungsseiten

① Lies den Text. Unterstreiche im Text die wichtigen Stichworte für den Steckbrief. Schreibe den Steckbrief.

In diesem Buch geht es um Karlsson vom Dach: Der 9-jährige Lillebror hat einen komischen Freund. Er heißt Karlsson und lebt auf dem Dach neben dem Schornstein. Er ist ein kleiner, dicker Mann, der Langeweile wegpusten kann. Das gefällt Lillebror gut. Mit einem Propeller auf dem Rücken kann Karlsson fliegen. Meistens trägt er eine blaue Latzhose und ein rot kariertes Hemd. Seine Füße stecken in roten Ringelsocken und braunen Schuhen.

Name: _____

Wohnort: _____

Größe und Figur: _____

Kleidung: _____

_____

Besonderheiten: _____

_____

_____

② Schreibe diese Wörter nach Silben getrennt auf.

Grüße   fliegen   verkaufen   Schmetterling   gefährlich   Unterricht

③ ai oder ei? Setze ein.

Mein Buch hat viele S___ten.

Ein K___ser hat eine Krone.

Der Salat schmeckt mit R___s und M___s.

Im M___ habe ich viel Z___t.

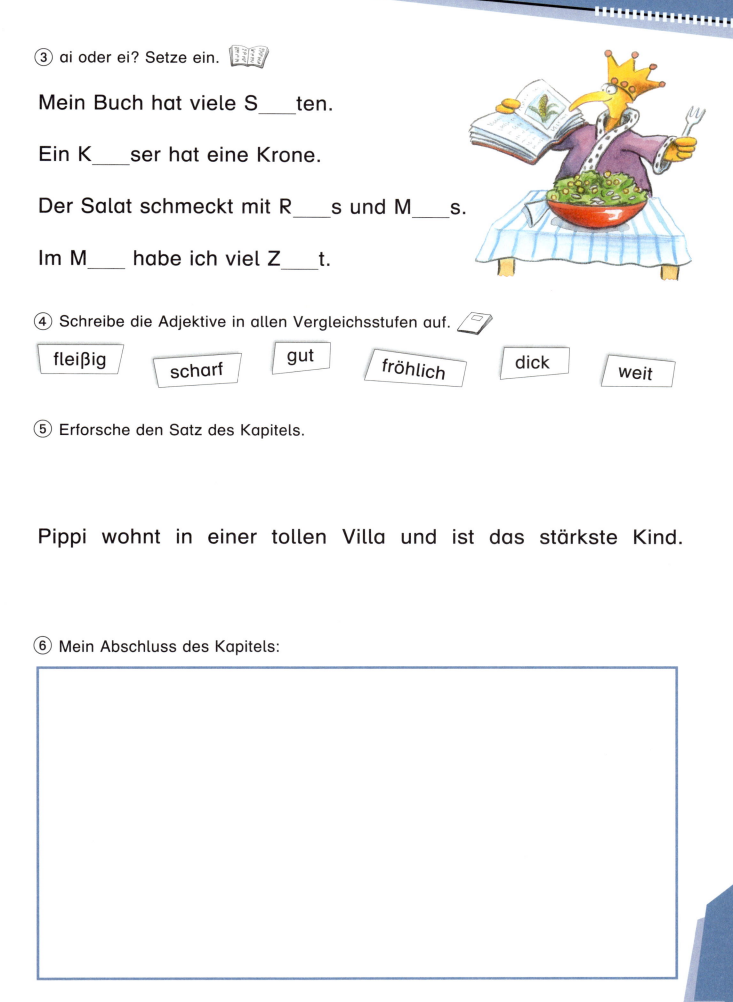

④ Schreibe die Adjektive in allen Vergleichsstufen auf.

| fleißig | scharf | gut | fröhlich | dick | weit |

⑤ Erforsche den Satz des Kapitels.

Pippi wohnt in einer tollen Villa und ist das stärkste Kind.

⑥ Mein Abschluss des Kapitels:

Geschwister

① Lies den Text. Erzähle.

Heute ist Putztag. Marie hasst diesen Tag,
denn alle müssen mithelfen.
Sie soll das Badezimmer putzen
und Tim Staub saugen. Marie hat keine Lust,
sie möchte lieber ins Kino. Schlecht gelaunt
macht sie sich an die Arbeit. Tim ist gut gelaunt.
Pfeifend fängt er an. Da klingelt plötzlich das Telefon.
Nach einem kurzen Gespräch ruft er Papa zu:
„Ich muss weg. Leon und ich müssen noch
ein Referat vorbereiten!" „Meinetwegen",
antwortet Papa, „Schule geht vor."
Marie soll Tims Arbeit nun auch noch machen.
Nach einer Stunde ist sie endlich fertig
und geht ins Kino. In der Eisdiele neben dem Kino
sieht sie Tim und Leon. Beide essen ein Eis
und haben gute Laune. Stinksauer geht sie zu ihnen
und fragt: „Na, ist das Referat schon fertig?"
Tim wird ganz rot und stottert verlegen:
„Ich, ich … es tut mir leid …, verrate mich nicht."

Ein guter Text hat einen roten Faden. Er zeigt, was nacheinander passiert.

② Unterstreiche im Text die Stichworte, die zu den Bildern gehören.

③ Schreibe die Stichworte zu den Bildern.

④ Erzähle die Geschichte mithilfe der Stichworte.

⑤ Schreibe die Geschichte mithilfe der Stichworte auf.

➡ S. 149

Und so geht es weiter

① Lies den Text.

„So eine Gemeinheit!", denkt Marie voller Zorn.
Mit viel Wut im Bauch läuft sie die Straße entlang zu ihrem Haus.
„Hallo Marie!", ruft Papa. „Nanu, was machst du denn für ein Gesicht?
Hast du Hunger oder Durst? Was ist denn los?"
„Nichts", murmelt Marie und streichelt ihren Hund.
„Nein, petzen, das tut sie nicht", denkt Marie.
„Aber irgendwie muss Tim das wiedergutmachen."
So langsam kommt die gute Laune zurück.
Marie hat da auch schon eine Idee …

② Was hat Marie vor? Überlegt euch einen Schluss und erzählt ihn.

③ Unterstreiche die Nomen im Text. Ordne sie richtig zu.

Menschen/Tiere:

Dinge:

Gefühle/Gedanken:

> Wörter für Menschen, Tiere, Pflanzen und Dinge heißen Nomen.
> *Wut, Hunger, Freude* sind **Nomen für Gedanken und Gefühle**.
> Nomen werden großgeschrieben.

④ Bilde mit diesen Nomen Sätze.

- Angst
- Glück
- Spaß
- Freude
- Langeweile
- Ärger

⑤ Suche weitere Nomen für Gefühle und Gedanken.

⑥ Denke dir eine eigene Geschichte aus und erzähle sie mithilfe von Stichworten. Denke auch an Gefühle und Gedanken.

Berufe

① Betrachte die Bilder. Erzähle.

② Es gibt viele Berufe. Welche kennt ihr? Schreibe auf.

③ Frauen und Männer arbeiten. Trage die Berufe in der weiblichen und in der männlichen Form mit Artikel in die Tabelle ein.

männlich	weiblich
der Maler	die Malerin

④ Bilde die Mehrzahl. Achte auf die Schreibung. Schreibe so.

Einzahl	Mehrzahl
die Malerin	die Malerinnen

⑤ Welcher Beruf interessiert dich? Schreibe auf und begründe.

Spielen

① Lies das Gespräch. Setze die fehlenden Satzzeichen ein.

 Ich möchte gern mit Autos spielen .

Gib mir sofort meine Autos wieder !

 Wollen wir nicht zuerst Karten spielen ?

Müsst ihr immer streiten ?

> Es gibt verschiedene **Satzarten**:
> Am Ende eines **Aussagesatzes** steht ein Punkt. .
> Am Ende eines **Fragesatzes** steht ein Fragezeichen. ?
> Am Ende eines **Aufforderungssatzes** oder nach
> Ausrufen steht ein Ausrufezeichen. !

② Unterstreiche die Verben. Bilde Fragesätze.

Luca <u>spielt</u> gern mit kleinen Autos.

<u>Spielt Luca gern mit kleinen Autos?</u>

Elias <u>fährt</u> am liebsten Fahrrad.

<u>Fährt</u>

Mike spielt den ganzen Tag Fußball.

Die Mutter mag keinen Streit.

Anna und Lena tauschen gerne Karten.

Elif und Luisa bauen eine Bude.

③ Was spielt ihr am liebsten? Erzählt.

Große und Kleine

① Lies die Sätze.
Unterstreiche orange,
was gesprochen wird.

② Lies diese Sätze.
Was fällt dir auf?

Der Vater fragt: „Möchtest du noch Suppe?"
Die Mutter sagt: „Setz dich gerade hin!"

> Das, was jemand sagt, nennt man **wörtliche Rede**.
> Am Anfang und am Ende der wörtlichen Rede
> stehen Anführungszeichen.   „ "
> „Möchtest du noch Suppe?"
> Im **Begleitsatz** steht, wer spricht und wie gesprochen wird.
> Nach dem Begleitsatz steht ein Doppelpunkt.   :
> Der Vater fragt: „Möchtest du noch Suppe?"

③ Setze in den folgenden Sätzen die Zeichen richtig ein.

Das   Kind   sagt   Ich   habe   großen   Hunger.

Der   Onkel   ruft   Spiel   nicht   mit   dem   Messer   herum!

Die   Mutter   warnt   Pass   auf,   die   Suppe   ist   heiß!

④ Unterstreiche den Begleitsatz blau und die wörtliche Rede orange.

⑤ Denke dir für jede Sprechblase einen Begleitsatz aus.
Schreibe ihn mit der wörtlichen Rede auf.
Unterstreiche in den passenden Farben.

⑥ Setze Doppelpunkte und Anführungszeichen.
Unterstreiche die wörtliche Rede orange und den Begleitsatz blau.

Tante Andrea sagt Kinder sind Kuschelmenschen.

Oma sagt Kinder sind Nervensägen.

Vater sagt Kinder sind Quatschmacher.

Mutter sagt Kinder sind Pommesesser.

Anna sagt Erwachsene sind Bestimmer.

Erik sagt Erwachsene sind Regelnaufsteller.

Martin sagt Erwachsene sind Zimmeraufräumer.

Ina sagt Erwachsene sind Spielplatznerver.

⑦ Markiere die Verben, die zum Wortfeld *sagen* gehören.

rufen	winken	brüllen	schreien	fragen
bitten	antworten	wiehern	stottern	
flüstern	murmeln	plappern	blinzeln	
quaken	erklären	erzählen	behaupten	
schleichen	schwätzen	jammern		
klagen	meinen	humpeln		

⑧ Schreibe die Sätze von Aufgabe ⑥ neu auf.
Ersetze dabei *sagt* durch andere Verben aus dem Wortfeld *sagen*.

⑨ Was sind Kinder oder Erwachsene noch?
Erfindet eigene Sätze.

Wochenendgeschichten

① Was haben die Kinder am Wochenende erlebt?
Lies die Satzbausteine. Bilde einen Satz. Schreibe auf.

| besuchte | ein Fußballspiel | gestern | ein Junge |

| ein Mädchen | in das neue Kino | ging | am Samstag |

| Marie und Celine | im Schwimmbad | am Sonntag | waren |

② Vergleicht eure Sätze. Was fällt euch auf?

③ Suche dir einen Satz aus und stelle ihn so oft wie möglich um.

> Ein Satz besteht aus Satzgliedern. Ein **Satzglied** kann aus einem oder mehreren Wörtern bestehen. Satzglieder kann man umstellen.
>
> | Nele | war | im Kino |. | Im Kino | war | Nele |. | War | Nele | im Kino |?

④ Welche Satzart entsteht, wenn das Verb an den Anfang gestellt wird?

Einen Text unter die Lupe nehmen

① Lies den Text.

Im Kletterwald

Moritz fuhr mit seinen Eltern in den Kletterwald.

Aufgeregt bezahlte Moritz an der Kasse.

Dann musste Moritz Sicherheitsgurte anlegen.

Ein Mann erklärte Moritz die Regeln.

Er sagte: „Hast du alles verstanden?"

Moritz sagte: „Ja, na klar!"

Sein Vater sagte: „Es ist alles in Ordnung."

Der Mann sagte: „Die Haken sind das Wichtigste."

② Ersetze die Wiederholungen durch passende Wörter.

③ Schreibe deine eigene (Wochenend-)Geschichte.

④ Trage deine Geschichte vor.

➡ S. 148

Einen Text könnt ihr auch gemeinsam überarbeiten.

Textforscher:	Das finde ich gut:	Dazu habe ich Fragen:	Mein Tipp:

Sternenforscherseiten

① Lies den Text.

Marie hat ihren Bruder Tim bei einer Lüge erwischt.
Ängstlich schleicht er in ihr Zimmer.
Er flüstert: „Sagst du es Papa?"
Marie zischt: „Hältst du mich für so fies?"
Tim umarmt sie glücklich und dreht sich um.
Grimmig funkelt Marie ihn an.
Sie faucht: „So billig kommst du nicht davon.
Wann gehst du mit mir ein Eis essen?"
Erschrocken schaut Tim sie an.
Er jammert: „Du wirst später bestimmt Richterin."

② Ordne die markierten Wörter. Überprüfe.

Wort im Text	Sterne	ich überprüfe
	☆	
	☆	
	☆	
	☆	

③ Erforsche weitere Wörter aus dem Text.

mein Wort im Text	Sterne	ich überprüfe

④ Markiere diese Wörter links im Text.

| später | ihn | davon | ängstlich | wann |

⑤ Meine schwierigen Wörter:

⑥ Führt dazu ein Rechtschreibgespräch.

⑦ Ich übe den Text / die Wörter. Kreuze an.

Abschreiben	Partnerdiktat	Dosendiktat	Schleichdiktat	Wörter üben

Wiederholungsseiten

① Lies den Text. Markiere die Nomen. Schreibe den Text richtig ab.

GESCHWISTER

MARIE HAT NOCH DREI SCHWESTERN. MANCHMAL GIBT ES STREIT, ABER LANGEWEILE GIBT ES IM HAUS AUCH NICHT. ES MACHT VIEL SPAß, WENN MAMA MIT IHNEN IN DER KÜCHE BACKT. MARIE BEKOMMT DANN GROßEN HUNGER, WEIL ES SO LECKER RIECHT.

② Denke dir für jede Sprechblase einen Begleitsatz aus.
Schreibe ihn mit der wörtlichen Rede auf.
Unterstreiche in den passenden Farben.

Kann ich dir helfen?

Los, komm jetzt her!

Ich mag gern Eis essen.

Hilfe!

③ Stelle den Satz zwei Mal um. Schreibe auf. Markiere die Satzglieder.

Jan geht jeden Morgen in die Schule.

④ Setze passende Verben aus dem Wortfeld *sagen* ein.

Michi _____: „Ich kann durch ein Blatt Papier steigen!"

Seine Freunde _____: „Das glauben wir dir nicht!"

Michi _____: „Ihr müsst es mir nicht glauben."

„Zeig uns dein Kunststück", _____ die Freunde.

Michi führt den Zaubertrick vor.

Die Kinder _____: „Das ist toll!"

⑤ Erforsche den Satz des Kapitels.

Haben Polizistinnen manchmal Angst vor frechen Räubern?

⑥ Mein Abschluss des Kapitels:

Computerprobleme

1. Erzähle.

2. Was fällt euch auf?

3. Im Klassenrat wurde verabredet, in der Klasse höflicher zu sprechen. Sammelt Vorschläge, wie die Kinder sprechen könnten, um diese Verabredung einzuhalten.

4. Probiert eure Vorschläge in einem Rollenspiel aus.

5. Thilo möchte sich Ingas Schere leihen. Schreibe in die Sprechblasen, wie die beiden höflich miteinander sprechen.

6 Erzähle.

7 Überlegt Argumente, wofür die Klasse einen zweiten Computer benötigt.
Schreibt Stichworte auf.

- mit Antolin arbeiten
-
-
-
-
-

8 Vergleicht eure Argumente.

9 Finde eigene Argumente.

Brief und E-Mail

① Erzähle.

> Mein Papa ist Bürgermeister. Der kann uns vielleicht einen Computer besorgen. Ich habe ihm einen Brief geschrieben. Ihr braucht nur noch zu unterschreiben.

> Das ist doch dein Vater und nicht meiner.

> Da fehlt der Ort und das Datum.

> Das ist keine höfliche Anrede.

> Wir müssen den Bürgermeister mit „Sie" ansprechen.

> Ich möchte deinem Vater kein Küsschen schicken.

Lieber Papa,

wir haben in unserer Klasse ein Problem. Es gibt nur einen Computer, an dem wir alle gerne arbeiten. Wenn wir uns abwechseln, kommen wir zu selten dran. Wir möchten auch oft im Internet recherchieren oder die Rechtschreibung von Wörtern überprüfen. Dafür reicht ein Computer nicht aus. Kannst du uns einen zweiten Computer schenken?

Liebe Grüße und Küsschen von der Klasse 3b

② Markiere im Brief, was geändert werden muss.

③ Wähle eine höfliche Anredeform und einen höflichen Gruß aus.

Hey, Bürgermeister,	Mit freundlichem Gruß Ihre Klasse 3b
Sehr geehrter Herr Bürgermeister,	Liebe Grüße von uns
Lieber Bürgermeister,	Schöne Grüße Ihre Klasse 3b

④ Schreibe den überarbeiteten Brief auf.
 S. 147

> Wenn du höflich mit Erwachsenen sprichst, benutzt du diese Anredepronomen: *Sie, Ihnen, Ihr, Ihre.* In Briefen schreibt man sie groß.

⑤ Setze die fehlenden Pronomen ein.

ich | ich | mich | eure | eure
euren | euer | euch | wir

Von... Bürgermeister@Stadtverwaltung.de
An... Klasse3b@Sternenschule.de
Betreff: Computerspende für die Sternenschule

Aha, alle diese Wörter sind Pronomen.

Liebe Klasse 3b,

_____ habe _____ Brief erhalten.
_____ Argumente für weitere Computer in der Klasse haben _____ überzeugt.
Sobald _____ in der Stadtverwaltung wieder Computer abgeben können, wird _____ Schule sie bekommen.
Bis dahin wünsche _____ _____ eine gute Zeit ohne Streit.
Liebe Grüße _____ Bürgermeister

⑥ Schreibe eine Antwort an den Bürgermeister.

⑦ Stelle den Satz in Gedanken um. Kreise die Satzglieder ein.

(Die Klasse) antwortet dem Bürgermeister sofort.

⑧ Nun stelle den Satz so oft um, dass jedes Satzglied einmal am Anfang steht. Schreibe auf.

Das verflixte h

① Setze die Pronomen richtig ein.

| ihn | ihr | ihre | ihnen | ihr | ihrer | ihren |

Oma hat Besuch. _____ Enkel Lisa und Moritz sind gekommen.

Moritz richtet _____ Grüße von Mama aus.

Oma drückt _____ ganz fest. Lisa hat _____ Oma

etwas Gebasteltes mitgebracht. Oma gibt _____ einen Kuss.

Oma hat _____ _____ Lieblingskuchen gebacken.

② Probiere, was passt und setze ein. | ah | oh | eh | uh |

| Z___l | H___n | w___nen | F___ler | St___l |

| s___r | z___n | L___rerin | f___ren | J___r |

③ Schreibe die Wörter ab.

④ Markiere den Wortstamm der Wortfamilie.

zahlen   zählen   Zahl   Zähler   Zahlenstrahl   Zahlung

⑤ Gelber Stern oder roter Stern?

Ich überprüfe:

> Wenn ich das h nicht hörbar machen kann, ist es ein Merkwort.

Sohn

geht

Hahn

Schuh

froh

Alle bauen mit

① Wer tut was? Setze das fehlende Satzglied ein.

Lea		die Anleitung.
Julius		viele Nägel.
Ela		die Farbe.
Jurij		einen Pinsel.
Vera		vier Räder.
Papa		das Auto.

holt · bewundert · rührt · liest · montiert · sucht

> Dieses Satzglied heißt **Prädikat**.
> Es antwortet auf die „Was tut?"-Frage.
> In jedem Satz gibt es ein **Prädikat**.
> Lea (liest) ein Buch.

② Schreibe die Sätze ab. Markiere das Prädikat rot.

③ Kreise die Satzglieder ein. Markiere das Prädikat rot.

(Linus) <u>bastelt</u> einen Papierflieger.

Anne plant einen Roboter.

Bahar erfindet eine Maschine.

Oma näht eine Fahne.

Astrid sucht einen Pinsel.

Charlotte klebt eine blaue Vase.

Im Flur bohrt der Hausmeister ein Loch.

Andy zeichnet eine Skizze von seinem Auto.

Erfindungen

1. Erzähle.

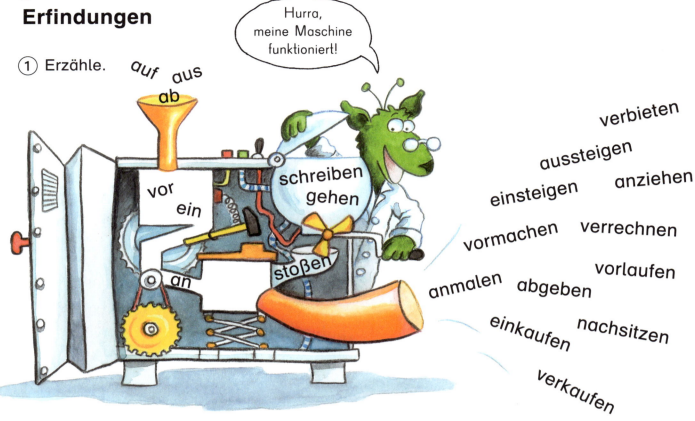

2. Markiere die Vorsilben.

3. Starte die Verbenmaschine. Bilde möglichst viele Verben mit den Vorsilben.

auf   aufschreiben,

ab   schreiben

aus

ein   bauen

vor

ver

4. Erkläre die unterschiedliche Bedeutung der Verben.

5. Schreibe Sätze. Schreibe so.
   Der Erfinder will die Verben aufschreiben.

6. Welche Maschine erfindest du? Male und schreibe auf.

Verflixte V-Sammlung

① Schreibe die passenden Verben auf.

Versteck   verstecken   Verpackung _____

Verletzung _____   Versuch _____

Verkäufer _____   Verband _____

② Setze ⟨Ver⟩ oder ⟨Vor⟩ ein.

____hang   ____kehr   ____sicht   ____bild   ____fahrt

____schmutzung   ____garten   ____mittag   ____wechslung

③ Finde die Gegenteile. Es sind alles v-Wörter.

leer _____   wenig _____

hinten _____   nach _____

④ Ordne die Kindernamen nach dem Abc.
Achte auch auf den 3., 4. und 5. Buchstaben.

Verena   Viktoria   Vladimir   Valerie

Valentin   Volker   Vitali   Veronika

1. _____   5. _____

2. _____   6. _____

3. _____   7. _____

4. _____   8 _____

Sternenforscherseiten

① Lies den Text.

Die Kinder der Klasse 3b sind sehr stolz.
Sie haben den Bürgermeister
mit ihren Argumenten überzeugt.
Inga sagt: „Wir haben unseren Brief toll geplant."
Nele fragt ihre Lehrerin:
„Müssen wir denn nichts für den Computer bezahlen?"
Vergnügt antwortet sie:
„Nein, ihr bekommt ihn geschenkt.
Soll ich alles noch einmal vorlesen?"
Alle Ohren sind gespitzt, keiner ruft dazwischen.
Der Bürgermeister hat der Schule
mehrere Computer versprochen.
Ob alle Klassen jetzt einen Computer bekommen können?

② Ordne die markierten Wörter. Überprüfe.

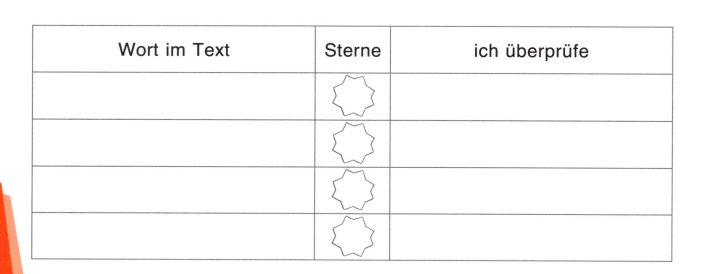

Wort im Text	Sterne	ich überprüfe
	☆	
	☆	
	☆	
	☆	

③ Erforsche weitere Wörter aus dem Text.

mein Wort im Text	Sterne	ich überprüfe

④ Markiere diese Wörter links im Text.

Lehrerin   Ohren   ob   Computer   mehrere

⑤ Meine schwierigen Wörter:

⑥ Führt dazu ein Rechtschreibgespräch.

⑦ Ich übe den Text / die Wörter. Kreuze an.

| Abschreiben | Partnerdiktat | Dosendiktat | Schleichdiktat | Wörter üben |

Wiederholungsseiten

1 Setze die fehlenden Pronomen ein.

IHRER   SIE   ICH   IHRE   IHR   IHREN   IHNEN   IHR

Sehr geehrte Frau Rektorin Berger,

_____ habe ein gute Nachricht für _____ und _____ Schüler.

Die Stadtverwaltung erhält neue Computer und kann _____ Schule, wie versprochen, die alten Computer abgeben.

_____ Hausmeister kann die Geräte am Freitag abholen.

Ich wünsche _____ und _____ Schulkindern viel Spaß bei der Arbeit an den Computern.

Mit freundlichem Gruß _____ Bürgermeister

2 Kreise die Satzglieder ein.

Julius   sucht   sein   Bastelbuch   überall.

3 Stelle den Satz so oft um, dass jedes Satzglied einmal am Anfang steht.

_____

_____

_____

4 Markiere das Prädikat.

Mama   kauft   ein   Heft.

Lisa   holt   einen   Stift.

Jens   findet   ein   Radiergummi.

⑤ Markiere den richtigen Baustein. Schreibe die Sätze ab.

Lisa wird heute ein Gedicht {ver/vor} tragen.

Nele geht mit ihrer Mutter {ein/aus} kaufen.

⑥ Schreibe acht eigene Sätze mit den Vorsilben {ein} {vor} {auf} {aus}.

⑦ Erforsche den Satz des Kapitels.

Am Montag erfindet Jo einen riesigen Hausaufgabenroboter.

⑧ Mein Abschluss des Kapitels:

Viele Märchen

① Erzähle.

"Tischlein deck dich,
Esel streck dich,
Knüppel aus dem Sack!"

"Kikeriki, kikeriki,
unsere schmutzige Jungfrau
ist wieder hie!"

"Die guten ins Töpfchen,
die schlechten ins Kröpfchen!"

"Knusper, knusper, knäuschen,
wer knuspert
an meinem Häuschen?"

"Rapunzel, lass
dein Haar herunter!"

② Verbinde jeden Märchenspruch mit dem passenden Bild.

③ Schreibe die passenden Märchennamen dazu.

| Hänsel und Gretel | Aschenputtel | Rapunzel |

| Tischlein deck dich | Frau Holle |

④ Was weißt du über Märchen? Erzähle.

⑤ Suche dir ein Märchen und lies es.

⑥ Erzählt euch das Märchen oder lest es euch gegenseitig vor.

Schneewittchen

① Erzähle.

② Lies die Merkmale von Märchen.
Ordne sie den Märchenausschnitten zu.

| Märchenanfang |
| gute Märchenfiguren |
| böse Märchenfiguren |
| magische Orte |
| Märchensprüche |
| magische Gegenstände |
| magische Zahlen |
| Märchenende |

- Und wenn sie nicht gestorben sind, ...
- Auf dem Tisch fand sie 7 Messerchen, 7 Tellerchen, ...
- Es war einmal eine Königin ...
- Sie fragte ihren Zauberspiegel.
- Der Jäger hatte ein gutes Herz und ließ das arme Kind laufen.
- Schneewittchen wohnte hinter den sieben Bergen ...
- Die böse Königin wollte sie vergiften.
- „Spieglein, Spieglein an der Wand, ..."

Nicht jedes Märchen hat alle Merkmale.

Märchenhafte Sätze

① Lies die Sätze. Kreise die Satzglieder ein.

Das Mädchen hüpfte am Nachmittag durch den Wald zur Großmutter.

Das Mädchen hüpfte am Nachmittag durch den Wald.

Das Mädchen hüpfte am Nachmittag.

Das Mädchen hüpfte.

② Was fällt dir auf?

③ Aus wie vielen Satzgliedern besteht der letzte Satz? _____

④ Markiere das Prädikat im letzten Satz.

> Mit den Fragewörtern **Wer/Was** und dem Prädikat kannst du das Subjekt erfragen.
>
> Das Mädchen hüpfte.
> Wer/Was hüpfte? – das Mädchen

⑤ Kreise die Satzglieder ein.
Markiere in jedem Satz das Prädikat.
Erfrage mit dem Prädikat das Subjekt und markiere es.

(Die Großmutter) (lag) (im Bett).

Wer/Was lag?

Das böse Tier schlich ans Bett der Großmutter.

Wer/Was

Nach kurzer Zeit kam Rotkäppchen in das Haus.

Sie stellte den schweren Korb auf den Tisch.

6 Kreise die Satzglieder ein.
Markiere in den Sätzen das Prädikat.
Frage nach dem Subjekt und markiere es.

Rotkäppchen öffnete vorsichtig die Tür.

Sie ging langsam zu Großmutters Bett.

Sie erschrak heftig über die seltsamen Ohren.

Sie bestaunte mit großen Augen die riesigen Hände.

7 Das Subjekt muss nicht immer am Anfang stehen.
Stelle die Sätze um.

8 Markiere die Subjekte in deinen Sätzen.
Vergleicht eure Sätze.

Wenn ich Satzglieder umstelle, kann mein Text besser werden.

9 Kreise die Satzglieder ein.
Markiere in den Sätzen das Prädikat und das Subjekt.

Satt und zufrieden fiel der Wolf ins Bett.

Nach kurzer Zeit schnarchte er.

Ein Jäger staunte über dieses Geräusch.

Mit einem Messer öffnete der mutige Mann den Bauch.

Fröhlich sprangen Großmutter und Rotkäppchen aus dem Bauch.

Verben im Märchen

① Unterstreiche die Verben.

Gretel schubst die Hexe in den Ofen.
Gretel schubste die Hexe in den Ofen.
Rumpelstilzchen hüpft auf einem Bein um das Feuer.
Rumpelstilzchen hüpfte auf einem Bein um das Feuer.
Die Königstochter wirft den Frosch gegen die Wand.
Die Königstochter warf den Frosch gegen die Wand.

② Was fällt dir auf?

_____

_____

> Verben können in verschiedenen Zeitformen stehen.
> Das **Präsens** (Gegenwart) zeigt, dass jetzt etwas passiert.
>   Gretel **schubst** die Hexe.
> Das **Präteritum** (Vergangenheit) zeigt, dass etwas früher passierte.
>   Gretel **schubste** die Hexe.

③ Schreibe die Verben. Markiere die Endbausteine.

schenken – Präsens

Einzahl	ich	schenk**e**
	du	_____
	er/sie/es	_____
Mehrzahl	wir	_____
	ihr	_____
	sie	_____

schenken – Präteritum

Einzahl	ich	schenk**te**
	du	_____
	er/sie/es	_____
Mehrzahl	wir	_____
	ihr	_____
	sie	_____

④ Schreibe diese Verben wie in Aufgabe ③ auf.

stellen   holen   hüpfen   fragen   schütten

⑤ Schreibe die Verben im Präsens und im Präteritum.
Markiere den Wortstamm in der Grundform.
Vergleiche mit den Verben im Präsens und im Präteritum.

Grundform	Präsens	Präteritum
malen	er malt	er malte
sagen	er	er
haben	er	er
sein	er	er

Verben können in verschiedenen Zeitformen stehen.
Dabei kann sich der Wortstamm ändern.

Märchen stehen immer im Präteritum.

⑥ Schreibe die Verben auch in den anderen Personalformen auf.
⑦ Schreibe die Sätze im Präteritum.

Die Tochter **geht** zum Brunnen.

Der Wolf **ruft**: „Macht auf, Kinderlein!"

Der Koch **schläft** mit erhobener Hand.

Ein Geißlein **ist** in der Küche.

Sie **essen** und **trinken** im Häuschen.

Märchenhafte Wörter

① Lies und erzähle.

- Wer hat mit meinem Messerchen geschnitten?
- Wer hat mit meinem Gäbelchen gestochen?
- Wer hat auf meinem Stühlchen gesessen?
- Wer hat in meinem Bettlein gelegen?
- Wer hat von meinem Brötchen abgebissen?
- Wer hat aus meinem Becherlein getrunken?
- Wer hat von meinem Tellerchen gegessen?

② Markiere alle Nomen.

③ Was fällt dir auf?

④ Setze die richtigen Buchstaben ein: eu oder äu, e oder ä.

chen und lein machen alle Dinge klein.

H___schen   Haus

T___bchen

___stlein

K___tzchen

⑤ Schreibe die Gegensätze.

wach — M Ü D E
leise
gerecht
unruhig
schnell
unvorsichtig
arm

⑥ Finde eigene Gegensätze. Benutze die Vorsilbe un.

Märchen schreiben

① Erzähle.

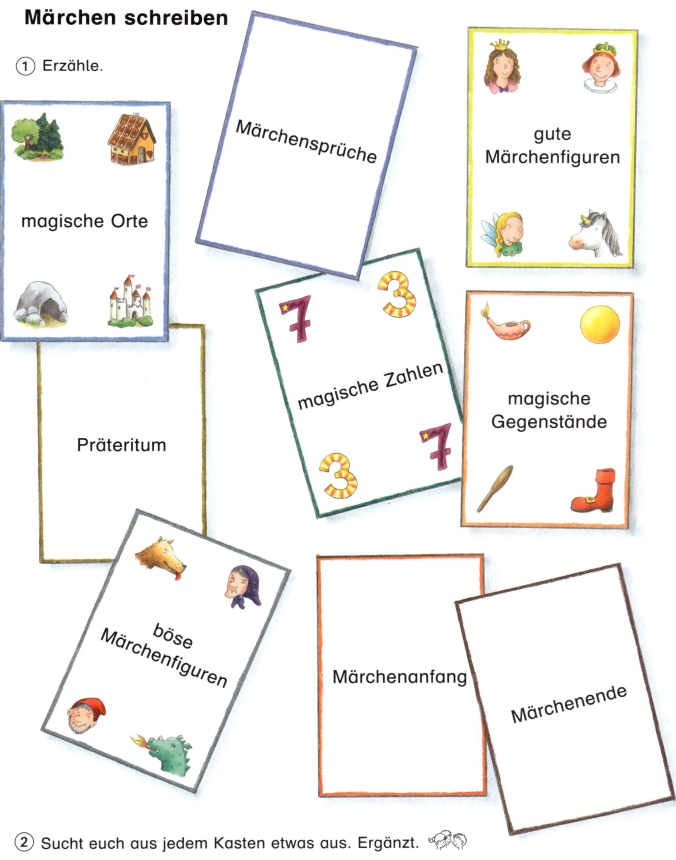

② Sucht euch aus jedem Kasten etwas aus. Ergänzt.
③ Erzählt euch dazu ein Märchen.
④ Schreibe dein Märchen. ➡ S. 147
⑤ Gestaltet eure Märchen und sammelt sie in einem Märchenbuch. ➡ S. 150

Sternenforscherseiten

① Lies den Text.

Aus einem Märchen:
Die Tochter wollte die Spule abwaschen
und bückte sich in den Brunnen.
Doch sie rutschte ihr aus der Hand.
Da musste sie wohl auch springen.
Sie erwachte auf einer Wiese.
Vor ihr stand ein Ofen voller Brote.
Das Mädchen holte vorsichtig die Brote heraus.
Danach schüttelte es einen Apfelbaum
und legte alle Äpfel auf einen Haufen.
Im Haus einer alten Frau sollte es das Bett gut aufschütteln,
damit die Federn flogen.

Wie heißt dieses Märchen? _____

② Ordne die markierten Wörter. Überprüfe.

Wort im Text	Sterne	ich überprüfe
	☆	
	☆	
	☆	
	☆	

③ Erforsche weitere Wörter aus dem Text.

mein Wort im Text	Sterne	ich überprüfe

④ Markiere diese Wörter links im Text.

| Märchen | voller | Mädchen | vor | wohl |

⑤ Meine schwierigen Wörter:

⑥ Führt dazu ein Rechtschreibgespräch.

⑦ Ich übe den Text / die Wörter. Kreuze an.

| Abschreiben | Partnerdiktat | Dosendiktat | Schleichdiktat | Wörter üben |

Wiederholungsseiten

① Schreibe die Verben im Präteritum.

Der Wolf _____ Kreide. Er _____ sie auf
         kaufen   fressen

und _____ damit seine Stimme fein.
     machen

Doch die Geißlein _____ ihn an seiner schwarzen Pfote.
                    erkennen

Er _____ zum Bäcker. Dieser _____ seine Pfote
    laufen   müssen

mit Teig bestreichen.

Nun _____ er zum Müller und _____ sich Mehl
     stürzen   lassen

auf den Teig streuen.

So _____ die Geißlein nicht, dass er der Wolf _____ ,
    merken   sein

und _____ ihm die Tür.
     öffnen

② Präsens oder Präteritum? Kreuze an.

	Präsens	Präteritum
Die Königin schaute in den Spiegel.	☐	☐
Der Jäger erschießt sie nicht.	☐	☐
Das Mädchen isst von dem Tellerchen.	☐	☐
Müde legte es sich ins Bettchen.	☐	☐
Schneewittchen beißt in den Apfel.	☐	☐
Die Zwerge waren unglücklich.	☐	☐

③ Markiere in den langen Sätzen Prädikat und Subjekt.

Schneewittchen lebte jetzt bei den sieben Zwergen.

Am Haus der Großmutter pflückte das Mädchen Blumen.

Unter die Matratzen legte die Königin eine Erbse.

Die faule Tochter holte kein Brot aus dem Ofen.

④ Schreibe fünf Merkmale von Märchen auf.

⑤ Kreise die Satzglieder ein. Stelle den Satz zwei Mal um.

Plötzlich sprang ein glitschiger Frosch auf den Brunnenrand.

⑥ Erforsche den Satz des Kapitels.

Die Fee verzauberte ihn in den hässlichen Froschkönig.

⑦ Mein Abschluss des Kapitels:

Dickhäuter

① Erzähle.

② Lies die Stichwortzettel.
Ordne sie den Elefanten zu.

Afrikanischer Elefant: 1
- große Ohren
- größtes Landtier der Welt
- große Stoßzähne
- zwei Greiffinger am Rüssel
- drei Vorderzehen
- lebt in der Savanne Ost- und Südafrikas

Asiatischer Elefant: 2
- zweitgrößtes Landtier der Welt
- kleine Stoßzähne
- kleine Ohren
- einen Greiffinger am Rüssel
- fünf Vorderzehen
- lebt im Regenwald oder Grasland

Waldelefant: 3
- drittgrößtes Landtier der Welt
- lebt im Dschungel Westafrikas
- dünne, lange Stoßzähne

③ Was möchtet ihr noch über Elefanten wissen?
Schreibt eure Fragen auf.

Wie alt wird ein Elefant?

Wie schwer ist ein Elefant?

④ Beantwortet eure Fragen.

5. Ben und Merle informieren sich über Nashörner. Lies den Lexikonartikel.

6. Unterstreiche das, was wichtig ist.

Spitzmaul-Nashorn

Spitzmaul-Nashörner gehören zu den größten Landsäugetieren. Sie leben ausschließlich in Afrika.
Sie können bis zu 3,75 m lang werden und wiegen bis zu 1500 kg. Mit ihren kurzen, dicken Beinen sind sie schnelle Läufer.
Das Spitzmaul-Nashorn hat seinen Namen von der fingerförmigen, spitzen Oberlippe. Mit ihr greifen die Nashörner Blätter von Büschen oder Bäumen und rupfen sie ab. Gras dagegen lassen sie stehen.
Die wichtigsten Erkennungsmerkmale sind die beiden Hörner auf der Nase. Das vordere Horn ist etwas länger als das hintere.
Die Haut der Spitzmaul-Nashörner ist sehr dick.
Spitzmaul-Nashörner können sehr gut hören und riechen, aber schlecht sehen.

Sie halten sich überwiegend in der Dornbusch-Savanne oder an Waldrändern auf.
Wichtig für die Nashörner sind Wasserstellen zum Trinken.
Weltweit gibt es heute noch fünf Nashorn-Arten. Neben dem Spitzmaul-Nashorn lebt in Afrika noch das Breitmaul-Nashorn.
Das Spitzmaul-Nashorn ist die häufigste Nashorn-Art, die in Zoos gehalten wird. Dort leben aber auch viele andere Tiere aus Afrika.

7. Schreibe einen „Spickzettel" mit Stichworten zum Spitzmaul-Nashorn. ➡ S. 150

> Auf einen Spickzettel schreibe ich die wichtigsten Informationen. Er hilft mir, wenn ich vor der Klasse spreche.

8. Halte einen Vortrag mithilfe deines Spickzettels. ➡ S. 150

9. Finde weitere Informationen zum Nashorn.

Der Bienenfresser

① Erzähle.

① Adresse Suchmaschine

② Suchfeld

③ Suchbegriff

④ Treffer

Juhu, ich habe mein Tier gefunden.

② Wähle ein Tier aus und suche Informationen. Recherchiere auch im Internet.

③ Gestalte ein Plakat. ➡ S. 150

④ Fertige einen Stichwortzettel zu deinem Tier an. Halte ein Referat.

⑤ Erkläre, wie eine Internetsuche funktioniert.

Gesteigerte Adjektive

① Trage in die Tabelle ein.

Grundform	1. Vergleichsstufe	2. Vergleichsstufe
hoch		
ängstlich		
lustig		
viel		
gut		

② Finde die Grundform. Schlage nach.

am ältesten — alt — S.

näher — — S.

hungriger — — S.

wichtiger — — S.

am meisten — — S.

③ Vergleiche. Schreibe Sätze.   so ... wie   ... als

Schreibe so:
Die Maus ist so klein wie ein Vogel.

Der Löwe ist schneller als ...

Maus – klein – Vogel

Schnecke – langsam – Regenwurm

Fisch – schnell – Schlange

Löwe – schnell – Katze

Wolf – gefährlich – Hirsch

Nilpferd – schwer – Pony

❹ Schreibe eigene Vergleiche.

Superdicke Freunde

① Lies den Text.

Molli Mücke und Emma Elefant sind abenteuerlustige Freunde.
Eines Tages fliegen sie pfeilschnell mit ihrem Zauberteppich los.
Beide sausen durch watteweiche Wolken.
Doch was ist das? Molli blickt mit riesengroßen Augen
auf den sonnengelben Wüstensand.
Sie kann es nicht fassen ...

② Unterstreiche alle Adjektive. Was fällt dir auf?

③ Lest den Text ohne Adjektive. Was fällt euch auf?

Zusammengesetzte Adjektive in Geschichten sind supertoll.

④ Zerlege die Adjektive.

abenteuerlustig: das Abenteuer, lustig

⑤ Schreibe die zusammengesetzten Adjektive auf.

Molli Mücke ist leicht wie eine Feder.   federleicht

Der Bauch von Emma ist rund wie eine Kugel.

Der Hut von Molli ist grün wie Gras.

Emma Elefant ist stark wie zwei Bären.

⑥ Schreibe die Geschichte aus ① weiter.
Verwende auch zusammengesetzte Adjektive.

Zusammengesetzte Nomen

① Bilde aus den Adjektiven und Nomen zusammengesetzte Nomen.
Verbinde sie.
Schreibe die neuen Nomen mit Artikel auf.

hoch	Haus
dumm	Schrank
weit	Sprung
rot	Stift
kühl	Kopf
bunt	Bett

② Finde die zusammengesetzten Nomen.
Schreibe das sie mit Artikel auf.

Die Decke für das Bett ist   die Bettdecke.

Der Salat aus Gurken ist

Der Schwarm von Bienen ist

Die Stiche von Mücken sind

Das Gehege für ein Tier ist

Die Netze von Spinnen sind

Die Brille für das Klo ist

Sammelnamen

① Welches Wort passt hier nicht? Streiche durch.

Wildtiere	Insekten	Haustiere
Giraffe	Biene	Hamster
Nilpferd	Hummel	Hund
Dackel	Wespe	Krokodil
Löwe	Adler	Katze

② Kreise alle Nomen, die zusammengehören, mit derselben Farbe ein.

(Kette)   Blumenkohl   Ring   Springseil

Teddy   Limo   Tee   (Quartett)

Wasser   (Möhren)   Armband

Tomate   Erbsen   Ball   Ohrring

(Milch)

③ Finde 4 Sammelnamen zu den Nomen mit derselben Kreisfarbe.

④ Schreibe passende Nomen auf.

Hunderassen:

Kleidung:

⑤ Finde eigene Sammelnamen und suche passende Nomen.

98

Das verflixte Ä ä

① Finde die Ableitungen.

die Abfälle der Abfall   er schläft ⬡ _____

die Späße ⬡ _____   sie lächelt ⬡ _____

die Dächer ⬡ _____   das Rätsel ⬡ _____

② Suche die 8 Merkwörter mit ä. Markiere sie.

D	G	B	C	V	N	X	C	R	T	Y	S	A
	K	Ä	F	I	G	F	G	K	R	T	Ä	K	M
	Ä	A	W	A	A	B	P	A	D	A	V	Z	Ä
	X	K	Ä	F	E	R	L	P	Z	Y	G	Z	D
K	D	X	D	W	N	K	I	S	Ä	Ä	H	C
Ä	F	M	Ä	R	Z	M	T	D	G	H	B	H
S	G	F	G	D	G	N	Ä	G	T	K	V	E
E	H	C	H	B	T	I	N	B	Z	Ä	T	N
V	Z	V	U	Ä	F	Z	R	S	P	Ä	T	Z
E	Ä	G	Z	R	Ä	I	G	C	V	T	S	E

③ Schreibe die Merkwörter auf. Schlage nach.

der Käse	S.		S.
	S.		S.
	S.		S.
	S.		S.

④ Schreibe mit diesen Merkwörtern Sätze.

Sternenforscherseiten

① Lies den Text.

Nina und Nele zelten im Garten.
Mitten in der Nacht wacht Nina auf.
Überall juckt es.
Sie kann gar nicht aufhören zu kratzen.
Es summt an ihrem Ohr.
Heftig schlägt sie zu.
Au, das tat aber weh!
Heulend kuschelt sie sich an ihren Teddybären.
Ihre Schwester Nele reibt sich die Augen.
Sie gähnt: „Spinnst du? Warum machst du so einen Lärm?"
Nina jault: „Hier ist eine Mücke."
Nele knurrt: „Warum lässt du auch das Zelt offen?"
Ob das Nina hilft?

② Ordne die markierten Wörter. Überprüfe.

Wort im Text	Sterne	ich überprüfe
	☆	
	☆	
	☆	
	☆	

③ Erforsche weitere Wörter aus dem Text.

mein Wort im Text	Sterne	ich überprüfe

④ Markiere diese Wörter links im Text.

| Ohr | Teddybären | gähnt | Lärm | hier |

⑤ Meine schwierigen Wörter:

⑥ Führt dazu ein Rechtschreibgespräch.

⑦ Ich übe den Text / die Wörter. Kreuze an.

| Abschreiben | Partnerdiktat | Dosendiktat | Schleichdiktat | Wörter üben |

Wiederholungsseiten

1 Lies den Text.

Eine rabenschwarze Katze schnappt sich blitzschnell
mit ihrer schneeweißen Tatze eine federleichte Wespe.
Doch da sticht die Wespe zu, und die Tatze wird feuerrot.
Die Wespe lacht sich kugelrund und fliegt davon.
Die Katze rennt zum eiskalten Fluss und kühlt die Tatze.
Wespen fangen macht einfach keinen Spaß!

2 Unterstreiche im Text alle zusammengesetzten Adjektive. Zerlege sie.

rabenschwarz: die Raben, schwarz

3 Finde die Grundform. Schlage nach.

am witzigsten   S.

spannender   S.

am besten   S.

spitzer   S.

am kältesten   S.

④ Was passt hier nicht? Streiche durch. Finde einen Sammelnamen.

Banane – Becher – Apfel – Trauben

Brot – Möhren – Brötchen – Kuchen

Tanne – Eiche – Pilz – Birke

Hammer – Zange – Nagel – Eimer

⑤ Finde fünf Nomen zu dem Sammelnamen *Blumen*.

⑥ Erforsche den Satz des Kapitels.

Ein Nilpferd lag ruhig im sonnengelben Sand und träumte.

⑦ Mein Abschluss des Kapitels:

Ich und meine Gefühle

① Erzähle.

wütend

glücklich

sauer

aufgeregt

ängstlich

beleidigt

schüchtern

traurig

stolz

zufrieden

froh

verliebt

② Welche Gefühle passen zu welcher Situation? Verbinde.

Meine Freunde lachen mich aus.

Ich fühle mich verletzt.

Ich habe eine gute Note bekommen.

Es ist mir peinlich.

Ich bin beim Lügen erwischt worden.

Ich bin eifersüchtig.

Meine Mutter kuschelt mit meiner kleinen Schwester.

Mein Hamster ist gestorben.

Ich bin traurig.

Ich bin stolz.

③ Sammelt weitere Situationen und Gefühle. Schreibt sie auf.

④ Denkt euch ein Rollenspiel zu einer Situation aus. Spielt es vor.

5) Lies die Texte. Unterstreiche die Gefühle.

Ich heiße Max. Ich habe viele Gefühle.

Ich bin gelangweilt, wenn keiner mit mir spielt.
Ich bin aufgeregt, wenn wir eine Arbeit schreiben.
Ich bin mutig, weil ich auf die höchsten Bäume klettere.
Ich bin sauer, wenn meine Mutter mir etwas verbietet.
Ich bin verzweifelt, wenn ich eine schlechte Note bekomme.
Ich bin beleidigt, wenn mein Freund mit anderen spielt.
Ich bin neugierig, wenn wir etwas Neues in Englisch lernen.

Ich heiße Lea. Ich habe viele Gefühle.

Ich bin enttäuscht, wenn Mama spät von der Arbeit kommt.
Ich bin neidisch, weil meine Freundin eine neue Jeans hat.
Ich bin stolz, weil ich gut Tore schießen kann.
Ich bin zufrieden, wenn ich in Mathe eine 3 bekomme.
Ich bin ängstlich, wenn ich an der Tafel rechnen soll.
Ich bin glücklich, weil Papa heute Zeit für mich hat.
Ich bin überrascht, weil Sina mir ihren tollen Stift geschenkt hat.

6) Schreibe einen eigenen Ich-Text über dich und deine Gefühle.

Wickie und die starken Männer

① Lies den Text.

Wickie im Verlies

Eines Tages landeten Wickie und die starken Männer mit ihrem Schiff in der Nähe einer Stadt. Sie wollen dort reiche Beute machen, aber leider stellte der Häuptling der Stadt den Wikingern eine Falle und warf sie ins Verlies.

Damit waren die Wikinger natürlich nicht einverstanden. Faxe warf sich immer wieder gegen die Holztür, um sie zu öffnen. Halvar rief wütend: „Los! Probier es weiter! Ein Wikinger gibt nie auf!" Aber leider nutzte es nichts. Die Tür öffnete sich nicht. Faxe jammerte immer lauter: „Wir werden nie aus diesem Verlies kommen."
Nach ein paar Tagen kam der Häuptling wieder. Er fragte die Wikinger: „Was ist, gebt ihr auf? Werdet ihr meine Sklaven?" Unfreundlich brüllte Halvar zurück: „Niemals!" Der Häuptling lachte laut: „Mal sehen, ob das wirklich stimmt. Bis morgen habt ihr Zeit zum Nachdenken."
Er drückte einen Hebel und plötzlich kam langsam die Decke herunter. Sie sollte die Wikinger zerquetschen. Snorre schrie ängstlich: „Oje, oje!" Wickie überlegte kurz und rief: „Warte Häuptling, wir schenken dir unser Schiff, bevor wir Sklaven werden!" Der Häuptling und auch die Wikinger waren überrascht über dieses Angebot.
Aber Wickie brachte die Feinde zum Schiff. Dort lagerten viele Fische als Verpflegung. Wickie fand einen Sägefisch und brachte ihn heimlich zurück in das Verlies. Nachts sägten sie damit ein Loch in die Tür. Die Decke war schon fast am Boden, als die Wikinger endlich frei waren.

„Puuh", sagte Wickie, „das war knapp!"
Sie knebelten die Wachen und rannten zurück auf ihr Schiff. Alle riefen laut: „Hoch lebe Wickie!"

106

② Viele Geschichten bestehen aus vier Teilen. Schreibe in die Felder auf S. 106.

| Schluss | Einleitung | Hauptteil | Überschrift | S. 147

③ Welche Erklärung passt zu welchem Teil?
Male in der passenden Farbe an.

Wer? Wo? Wann?

macht neugierig, verrät nicht zu viel

das Ende der Geschichte
gut   schlecht

Was passiert nacheinander?
Spannung, Höhepunkt
Gespräche, Gefühle, Gedanken

Viele Geschichten haben einen festen Aufbau.

④ Markiere in der Einleitung. Schreibe auf.

Wer spielt in der Geschichte mit?

Wo spielt die Geschichte?

Wann spielt die Geschichte?

⑤ Markiere im Hauptteil:
• Ausdrücke für Gefühle
• Wörtliche Rede, Ausrufe, Gedanken

⑥ Schreibe einen anderen Schluss.

⑦ Unterstreiche die wörtliche Rede und den Begleitsatz.
Setze die fehlenden Zeichen ein.

Halvar sagt Das war eine tolle Idee, Wickie.

Snorre staunt Du bist so mutig!

Faxe fragt Wo hast du den Sägefisch gefunden?

Wickie antwortet Tjure und ich haben ihn gestern gefangen.

⑧ Schreibe eine eigene Wickie Geschichte.

Nomen zusammensetzen

1 Bilde neue Nomen.

malen + der Kasten = der Malkasten

waschen + die Maschine =

laufen + das Rad =

kaufen + das Haus =

schlafen + das Zimmer =

2 Zerlege die Nomen.

die Re__nn__maus = rennen, die Maus
   n/nn

das Schrei____heft =
          p/b

die Schwi____kerze =
          mm/m

der Spi____zettel =
         k/ck

der Ge____weg =
        k/h

der Pu____lappen =
        tz/z

die Sp____lwiese =
        ie/i

das Flu____lehrer =
         k/g

3 Finde zusammengesetzte Nomen: Verb + Nomen   Adjektiv + Nomen .

Bu unterwegs

① Schwinge die Wörter weiter: ß oder ss.

Bu schlie___t die Ufotür.

Sein Freund hei___t Kari.

Bu fliegt im Regen über einen Flu___.

Seine Federn werden na___.

Regen macht keinen Spa___.

② Erzähle.

③ Wo steht Bu? Schreibe zu jedem Bild einen Satz.

Bild 1:

Bild 2:

Bild 3:

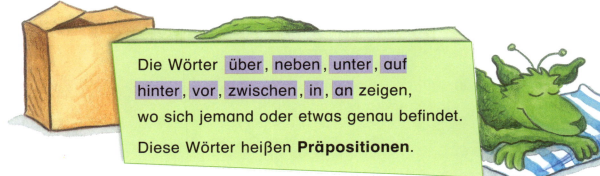

Die Wörter über, neben, unter, auf, hinter, vor, zwischen, in, an zeigen, wo sich jemand oder etwas genau befindet. Diese Wörter heißen **Präpositionen**.

④ Schreibe Sätze mit Präpositionen.

Till Eulenspiegel

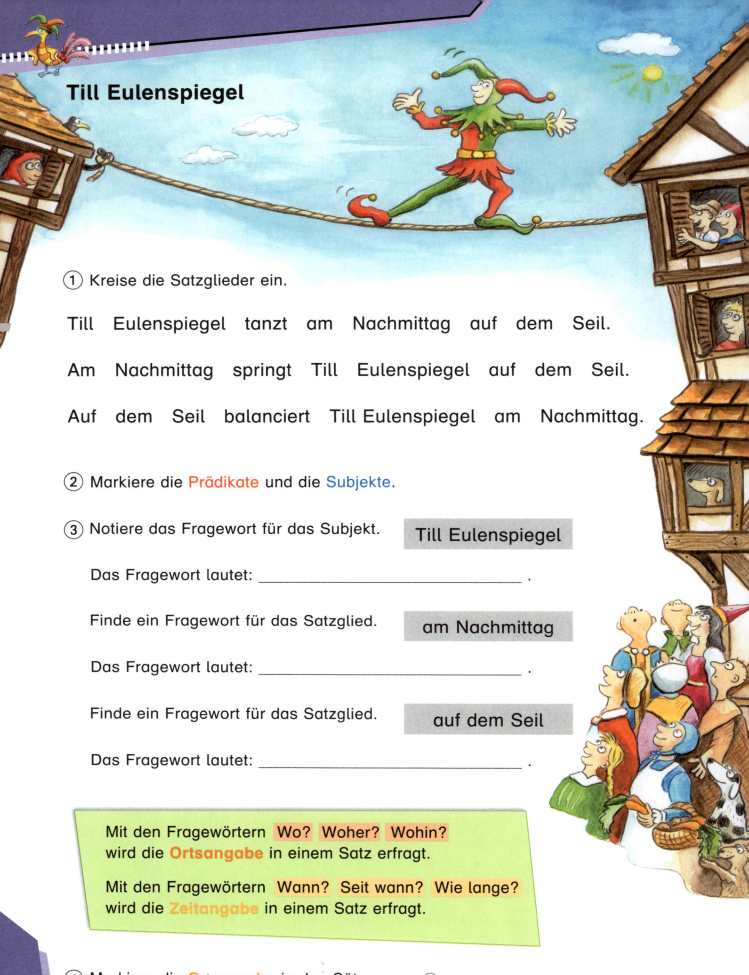

① Kreise die Satzglieder ein.

Till Eulenspiegel tanzt am Nachmittag auf dem Seil.

Am Nachmittag springt Till Eulenspiegel auf dem Seil.

Auf dem Seil balanciert Till Eulenspiegel am Nachmittag.

② Markiere die Prädikate und die Subjekte.

③ Notiere das Fragewort für das Subjekt.   Till Eulenspiegel

Das Fragewort lautet: _____ .

Finde ein Fragewort für das Satzglied.   am Nachmittag

Das Fragewort lautet: _____ .

Finde ein Fragewort für das Satzglied.   auf dem Seil

Das Fragewort lautet: _____ .

> Mit den Fragewörtern Wo? Woher? Wohin? wird die Ortsangabe in einem Satz erfragt.
>
> Mit den Fragewörtern Wann? Seit wann? Wie lange? wird die Zeitangabe in einem Satz erfragt.

④ Markiere die Ortsangabe in den Sätzen von ① orange.

⑤ Markiere die Zeitangabe in den Sätzen von ① gelb.

6) Kreise die Satzglieder ein. Markiere sie farbig.

Till Eulenspiegel lebte im Mittelalter.

Er wohnte zuerst in einem Dorf.

Die Dorfbewohner staunten dort jeden Tag.

Nach einiger Zeit wanderte Till in eine andere Stadt.

In Braunschweig arbeitete Till in einer Bäckerei.

7) Erweitere die Sätze. Ergänze in jedem Satz eine passende Ortsangabe oder eine Zeitangabe.

Till ging zu einem Bäcker in die Lehre.

Er backte aber keine Brote oder Brötchen.

Aus dem Teig formte er Eulen und Meerkatzen.

Diese verkaufte er an die Dorfbewohner.

8) Markiere die Ortsangaben und die Zeitangaben in deinen Sätzen.

111

Sternenforscherseiten

① Lies den Text.

Till tanzte ständig auf einem Seil über dem Fluss.
Viele Leute bewunderten seine Kunststücke.
Doch einige schnitten heimlich das Seil durch.
Till wurde pudelnass.
Am nächsten Tag spannte er das Seil quer über den Marktplatz.
Er nahm von jedem den rechten Schuh,
zog sie auf eine Schnur und stieg auf das Seil.
Über der Menschenmenge zerschnitt er die Schnur.
Bald gab es Streit und Prügeleien.
Alle Schuhe lagen nämlich durcheinander.
Viele sahen sich ähnlich.
Till aber saß auf dem Seil und lachte.

② Ordne die markierten Wörter. Überprüfe.

Wort im Text	Sterne	ich überprüfe
	☆	
	☆	
	☆	
	☆	

③ Erforsche weitere Wörter aus dem Text.

mein Wort im Text	Sterne	ich überprüfe

④ Markiere diese Wörter links im Text.

| ständig | nahm | nämlich | bald | ähnlich |

⑤ Meine schwierigen Wörter:

⑥ Führt dazu ein Rechtschreibgespräch.

⑦ Ich übe den Text / die Wörter. Kreuze an.

| Abschreiben | Partnerdiktat | Dosendiktat | Schleichdiktat | Wörter üben |

Wiederholungsseiten

1 Kreise die Satzglieder ein und markiere sie farbig.

Der Zug fährt in fünf Minuten nach Hamburg.

Ole kommt bald aus der Schule.

Heute fahren Mama und Papa in die Stadt.

Oma und Opa sitzen seit zwei Stunden im Garten.

Ich reite in der Reitstunde ins Gelände.

2 Setze die fehlenden Redezeichen und Satzzeichen ein.

Die Lehrerin fragt Lisa, was ist los

Lisa weint Mein Bauch tut so weh

Frank sagt Lisa hatte schon vor dem Unterricht Bauchweh

Nele meint Dann bist du sicher krank, Lisa

Die Lehrerin sagt Arbeitet leise weiter, ich rufe Lisas Mama an

3 Bilde neue Nomen.

glühen + die Lampe =

rollen + der Schuh =

stricken + die Jacke =

schnitzen + das Messer =

essen + der Löffel =

kühlen + der Schrank =

④ Schwinge die Wörter weiter: ß oder ss.

Bu landet im Schlo____.

Der König begrü____t ihn.

Bu mu____ sich verbeugen.

Vorsichtig fa____t er die Krone an.

Der König lä____t Bu die Krone aufsetzen.

⑤ Erforsche den Satz des Kapitels.

Der   Narr   Eulenspiegel   veralbert   überall   viele   Leute.

⑥ Mein Abschluss des Kapitels:

Lieblingssendungen

① Erzähle.

② Justin hat ein Balkendiagramm zu Lieblingssendungen seiner Klasse erstellt. Beschreibe und erkläre.

③ Schreibe deine Lieblingssendung auf.

④ Führt eine Umfrage zu Lieblingssendungen durch.

⑤ Übertrage die Ergebnisse in ein Balkendiagramm.

⑥ Vergleicht eure Diagramme.

⑦ Führt eine Umfrage zu einem Thema durch.

Lieblingsspiele   Lieblingseis

Lieblingsschulfach

Fernsehen früher und heute

① Erzähle.

② Fernsehen heute: Beantworte die Interview-Fragen.

Wie viele Fernseher habt ihr zu Hause? _____

Wie lange siehst du am Tag fern? _____

Welchen Kanal schaltest du am häufigsten ein? _____

Mit wem siehst du fern? _____

③ Fernsehen früher: Kim hat ihre Oma gefragt, wie Fernsehen bei ihr als Kind war. Erzähle.

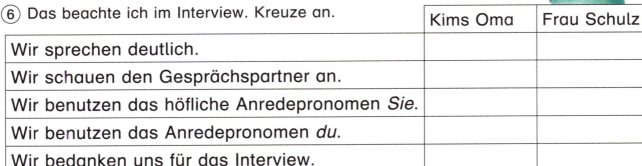

- Wir haben nur einen Fernseher gehabt.
- Ich habe nur gemeinsam mit meinen Eltern ferngesehen.
- Damals hat es ja nur zwei Programme gegeben.
- Ich habe eigentlich immer nur 15 Minuten Nachrichten gesehen.

④ Vergleiche die Antworten von Nr. ② und ③.

⑤ Fernsehen früher: Kim möchte ihre Nachbarin Frau Schulz fragen. Wie muss sie nun ihre Fragen formulieren?

Schreibe so: Wie viele Fernseher haben Sie zu Hause gehabt?

⑥ Das beachte ich im Interview. Kreuze an.

	Kims Oma	Frau Schulz
Wir sprechen deutlich.		
Wir schauen den Gesprächspartner an.		
Wir benutzen das höfliche Anredepronomen *Sie*.		
Wir benutzen das Anredepronomen *du*.		
Wir bedanken uns für das Interview.		

⑦ Suche dir auch einen Interviewpartner. Führe das Interview durch.

⑧ Vergleicht eure Ergebnisse.

⑨ Überlege, was man mit den gesammelten Informationen machen kann.

Spiele heute und früher

1. Welche Spiele gibt es heute? Welche Spiele gab es früher? Erzählt.

2. Luca möchte Herrn Meier im Seniorenheim interviewen.
   Welche Fragen kann er Herrn Meier stellen?

3. Luca hat für die Schülerzeitung einen Artikel geschrieben.
   Unterstreiche die Verben.

   Ich ging in ein Seniorenheim.
   Dort führte ich ein Interview mit Herrn Meier.
   Bei ihm gab es früher keinen Fernseher.
   Nachmittags spielte er mit Freunden.
   Er erklärte mir sein Lieblingsspiel.

4. Am nächsten Tag erzählt Luca von seinem Interview.
   Unterstreiche die Verben.

   Ich bin in ein Seniorenheim gegangen.
   Dort habe ich ein Interview mit Herrn Meier geführt.
   Bei ihm hat es früher keinen Fernseher gegeben.
   Nachmittags hat er mit seinen Freunden gespielt.
   Er hat mir sein Lieblingsspiel erklärt.

5. Vergleiche die unterstrichenen Verben von 3 und 4.
   Was fällt dir auf?

   > Verben können in verschiedenen Zeitformen stehen.
   >
   > Wenn man etwas von früher schreibt, benutzt man das **Präteritum**.
   > *Ich spielte. Ich ging.*
   >
   > Wenn man etwas von früher erzählt, benutzt man das **Perfekt**.
   > *Ich habe gespielt. Ich bin gegangen.*

6 Trage die Verben ein. Ergänze die Verbform im Präsens.

Präteritum	Perfekt	Präsens
ich ging	ich	ich
ich	ich habe geführt	ich
es gab	es	es
er	er hat gespielt	er
er erklärt	er	er

7 Trage die Verbformen im Präsens ein.

sein

Einzahl	ich	bin
	du	
	er/sie/es	
Mehrzahl	wir	
	ihr	
	sie	

haben

Einzahl	ich	
	du	hast
	er/sie/es	
Mehrzahl	wir	
	ihr	
	sie	

8 Herr Meier erzählt.
Trage die Verbformen im Perfekt ein.

Wir _haben_ ein Hüpffeld _gemalt_ . *(malen)*

Wir _____ einen Stein in das 1. Feld _____ . *(werfen)*

Wir _____ auf einem Bein _____ . *(hüpfen)*

Mit dem Fuß _____ wir den Stein _____ . *(schubsen)*

Wir _____ von Feld zu Feld _____ . *(springen)*

9 Sammelt Spiele in einem Spieleheft.

Momo und die Zeit

① Trage die Verbformen ein.

Präsens	Präteritum	Perfekt
ich laufe		
es hüpft		
sie lachen		
ihr findet		
wir springen		

② Suche dir zwei Verben aus.
Schreibe sie in allen Zeitformen mit allen Personalformen.

③ Überprüfe mit dem gelben Stern.

Momo ist zu Meister Hora gefli___t.   *flitzen*
_{z/tz}

Er hat ihr ein Rätsel geschi___t.
_{k/ck}

Hora hat es in geheimnisvolle Wörter gepa___t.
_{k/ck}

Momo hat sich lange am Kopf gekra___t.
_{z/tz}

Doch schon bald hat sie die Lösung entde___t.
_{k/ck}

④ Schreibe die Sätze im Präteritum auf.

120

Zungenbrecher mit Qu/qu

① Lies die Zungenbrecher. Übe, sie laut vorzulesen.

Quadratisch gequetschter Quark quillt aus Quarkschachteln.
Aus Quarkschachteln quoll quadratisch gequetschter Quark.
Quadratisch gequetschter Quark ist aus Quarkschachteln gequollen.

Wenn Quaddeln quietschende Quasselstrippen quälen,
quatschen Quasselstrippen quietschend über Quaddeln.
Quaddeln haben quietschende Quasselstrippen gequält,
wenn Quasselstrippen quietschend über Quaddeln gequatscht haben.

② Markiere in den Zungenbrechern alle Qu/qu.

③ Schreibe in der ersten Spalte die verschiedenen Wörter auf, in denen qu nicht am Wortanfang steht.
Schreibe die Grundform dazu.

Ich höre Kw/kw und schreibe Qu/qu.

gequetschter	quetschen

④ Schreibe die Quatschsätze im Perfekt.

Frösche quaken quer durch den Quark.

Die Quallen quietschen wie quiekende Enten.

Enten quieken wie quellende Quallen.

⑤ Markiere Qu/qu in allen Sätzen.

Von gestern bis heute

① Betrachte die Bilder und lies den Text. Erzähle.

Das erste funktionierende Telefon wurde 1876 vorgestellt. Telefone mit Selbstwählbetrieb gab es in Deutschland ab dem Jahre 1908. Nun konnte der Anrufer selbst eine Telefonnummer wählen. Vorher wurde man verbunden. Erst hatten sehr wenige Menschen ein Telefon. Es gab kaum unterschiedliche Modelle. Das W48 von 1948 ist am bekanntesten. Wenn man etwas mehr bezahlte, konnte man dieses Telefon auch in der Farbe Elfenbein bekommen. Ab 1976 konnte man ein Tastentelefon mieten oder kaufen. Es war teurer als ein Telefon mit Wählscheibe. Schnurlose Telefone gab es erst ab 1984.

② Unterstreiche im Text alle Jahreszahlen.

③ Trage die Jahreszahlen in die Zeitleiste ein. Ordne die Stichworte den Jahreszahlen zu.

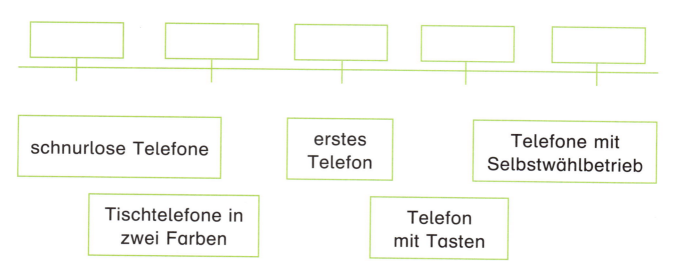

④ Womit telefonierst du heute? Erzähle.

⑤ Seit wann kann man mit einem Handy telefonieren?

Ein Tag ohne Elektronik

① Stell dir vor: Alle elektrischen Geräte fallen aus! Erzähle.

② Plant einen Tag ohne Telefon, Computer, Fernseher, Toaster ...

③ Leonies Gruppe hatte viele Ideen. Vergleiche die Texte von Leonie und Sven. Was fällt dir auf?

OHNE?

Rad fahren

Karten spielen

Picknick machen

Eis essen

Leonie:
Ich möchte Rad fahren und ein Picknick machen und Karten spielen und Eis essen.

Sven:
Ich möchte Rad fahren, ein Picknick machen, Karten spielen und Eis essen.

> Wenn man viele Tätigkeiten hintereinander aufschreibt, nennt man das **Aufzählung**.
> Man lässt **und** weg und setzt dafür ein **Komma**.
> Nur das letzte **und** bleibt stehen.
>
> *Er möchte schlafen, spielen **und** Rad fahren.*

④ Setze die Kommas. Markiere das *und*.

Bu sammelt Mondsteine grüne Federn und bunte Muscheln.

Kari kann nicht mit dem Ufo fliegen keine Weltraumeier braten und keinen Sternenstaubkuchen backen.

Bu kann über alle Häuser fliegen lustige Lieder pfeifen auf der Turmspitze landen und die kleinen Menschen auslachen.

⑤ Schreibe deine Ideen aus Nr. ② als Aufzählung.

Sternenforscherseiten

① Lies den Text.

Ein Tag ohne Fernseher

Michel kommt in die Küche.

Er sagt: „Heute möchte ich nicht fernsehen."

Vater schaut verwundert: „Habe ich mich verhört?

Du willst nicht vor den Fernseher?"

Michel lacht: „Ich möchte gerne etwas mit euch machen.

Ich will mit euch zum See radeln, dort ins Wasser springen,

Hinkelkasten spielen, mit euch quatschen und später ein Eis essen."

Mutter ruft: „Deine Idee finde ich toll!

Wir haben lange nichts mehr gemeinsam unternommen.

Holt schnell die Räder aus dem Keller.

Ich bereite kurz leckere Brote vor."

② Ordne die markierten Wörter. Überprüfe.

Wort im Text	Sterne	ich überprüfe
	☆	
	☆	
	☆	
	☆	

③ Erforsche weitere Wörter aus dem Text.

mein Wort im Text	Sterne	ich überprüfe

④ Markiere diese Wörter links im Text.

See   mehr   Idee   später   ohne

⑤ Meine schwierigen Wörter:

⑥ Führt dazu ein Rechtschreibgespräch.

⑦ Ich übe den Text / die Wörter. Kreuze an.

Abschreiben	Partnerdiktat	Dosendiktat	Schleichdiktat	Wörter üben

Wiederholungsseiten

① Unterstreiche alle Verben.
In welcher Zeitform stehen sie?

Früher hatten noch nicht alle Menschen einen Fernseher.
Sie gingen in Fernsehstuben.
Erst viel später gab es Fernseher in Geschäften.
Sie kosteten aber sehr viel Geld.
Die Kinder spielten damals oft draußen.

② Erzähle deinem Partner diese Sätze im Perfekt.

③ Schreibe die Sätze im Präteritum.

Meister Hora hat Momo ein Rätsel gestellt.

Sie hat sehr lange überlegt.

Die Schildkröte hat Momo einen Tipp gegeben.

Meister Hora hat mit dem Tier geschimpft.

Momo hat das Rätsel allein gelöst.

Sie ist sehr stolz auf sich gewesen.

126

④ Lies die Sätze.
Kreuze an, in welcher Zeit sie geschrieben sind.

	Präsens	Präteritum	Perfekt
Kassiopeia saß neben Meister Hora.	☐	☐	☐
Sie hat Momo Zeichen gegeben.	☐	☐	☐
Momo sieht die Zeichen nicht.	☐	☐	☐
Sie konnte es ganz allein.	☐	☐	☐
Momo hat sich das Rätsel gemerkt.	☐	☐	☐
Kannst du dir auch Rätsel merken?	☐	☐	☐

⑤ Erforsche den Satz des Kapitels.

Michelle hat mit ihren Eltern ein Picknick vorbereitet, ist Fahrrad gefahren und war am See.

⑥ Mein Abschluss des Kapitels:

Wichtige Fragen

① Lies den Text. Erzähle.

Letztens sollte Peters Klasse eine Mathematikarbeit schreiben. Die Kinder sollten einige sehr große Zahlen zusammenrechnen. Dafür hatten sie nur zwanzig Minuten Zeit. Sobald Peter mit der ersten Aufgabe begonnen hatte, bei der es darum ging, drei Millionen fünfhunderttausendzweihundertundfünfundneunzig zu einer fast ebenso großen Zahl hinzuzuzählen, dachte Peter über die größte Zahl der Welt nach ...
Die zwanzig Minuten waren vorüber. Peter hatte gerade mal die erste Zahl der Rechenaufgabe hingeschrieben. Alle anderen waren fertig geworden. Die Lehrerin hatte Peter beobachtet, wie er auf die Seite gestarrt, nichts geschrieben und nur geseufzt hatte.

② Warum hat Peter nur eine Zahl geschrieben?
Unterstreiche im Text.

③ Peter hat nicht gerechnet.
Was könnte die Lehrerin denken? Schreibt auf.

④ Vergleicht eure Überlegungen.

⑤ Peter hat sein Problem nicht lösen können.
Überlegt gemeinsam: Wie heißt die größte Zahl der Welt?

- Was kommt eigentlich nach Eintausend?
- Mehr als Millionen gibt es nicht.
- Mein Vater kennt diese Zahl bestimmt.
- ?

Darf man eigentlich lügen?

① Warum soll man nicht lügen? Erzählt. Sammelt Argumente.

② Lies den Text. Erzähle.

Miko hat Geburtstag. Es klingelt an der Tür.
Sein bester Freund Silas überreicht ihm ein Päckchen.
Ungeduldig sagt Silas: „Nun los, pack schon aus!
Es ist was ganz Tolles!" Er hüpft aufgeregt hin und her.
Miko reißt das Papier ab und denkt enttäuscht:
„O nein! Ein Buch. Das soll toll sein?"
Aber er sagt mit lauter Stimme: „Mensch, toll Silas!
Das habe ich mir schon lange gewünscht!"

③ Stell dir vor, Miko hätte die Wahrheit gesagt.
Spielt die Geschichte mit und ohne Mikos Lüge.
Vergleicht.

④ Stellt euch vor, wir würden immer die Wahrheit sagen.
Überlegt euch Situationen.

⑤ Spielt euch die Situationen gegenseitig vor.

Was ist wichtig?

① Jeder findet etwas wichtig. Erzähle.

- Es muss sauber sein. Sauberkeit ist wichtig.
- Mein Freund soll ehrlich sein. Ehrlichkeit ist wichtig.
- Ich möchte gesund bleiben. Gesundheit ist wichtig.
- Ich möchte frei sein. Freiheit ist wichtig.

② Was fällt dir auf?

③ Welche Wortbausteine verwandeln Adjektive in Nomen?

④ Schreibe die Nomen auf und markiere die Wortbausteine am Ende.

ehrlich — die Ehrlich**keit**
wahr — die
schwierig —
unsicher —
krank —
dankbar —
dumm —
müde —

⑤ Markiere den Wortbaustein in diesen Nomen.

Einladung   Überraschung   Rechnung   Enttäuschung

⑥ Schreibe in die Tabelle. Markiere den Wortbaustein ung.

Nomen	Verb
Rech**ung**	rechnen
Einladung	
	überraschen
Wohnung	
	zeichnen
Drohung	
	erfinden

Wörter mit den Wortbausteinen heit, keit und ung sind **Nomen**.

Sie werden großgeschrieben.

⑦ Fülle die Lücken. Verwende die Wortbausteine heit, keit und ung.

Max will Tibor eine _____ zum Geburtstag geben.
_{einladen}

Aber da sieht er Tibor mit Malte vor der _____.
_{heizen}

Tibor sagt gerade: „Eben hatte Max echt Probleme."

Max wird rot. Die _____ in Mathe hatte er wirklich
_{rechnen}

nicht verstanden. Was für eine _____ von Tibor!
_{gemein}

Wütend zerreißt er die _____.
_{einladen}

Doch da ruft Malte: „Hallo Max!

Wir haben eine tolle _____!
_{überraschen}

Meine Schwester will uns helfen.

Wir können doch alle nicht so gut Mathe!"

⑧ Warum wird Max wieder rot? Erzähle.

Vom Anderssein

① Lies und erzähle.

Im Land der Blaukarierten sind alle blau kariert.
Doch wenn ein Rotgefleckter sich mal dorthin verirrt,
dann rufen Blaukarierte: „Der passt zu uns doch nicht!
Er soll von hier verschwinden, der rot gefleckte Wicht!"

Im Land der Grüngestreiften sind alle grün gestreift.
Doch wenn ein Blaukarierter so etwas nicht begreift,
dann rufen Grüngestreifte: „Der passt zu uns doch nicht!
Er soll von hier verschwinden, der blau karierte Wicht!"

Im Land der Rotgefleckten sind alle rot gefleckt.
Doch wird ein Grüngestreifter in diesem Land entdeckt,
dann rufen Rotgefleckte: „Der passt zu uns doch nicht!
Er soll von hier verschwinden, der grün gestreifte Wicht!"

Im Land der Buntgemischten sind alle bunt gemischt.
Und wenn ein Gelbgetupfter das bunte Land auffrischt,
dann rufen Buntgemischte: „Willkommen hier im Land!
Hier kannst du mit uns leben, wir reichen dir die Hand!"

② Fülle die Lücken.

Dieses Gedicht hat ____ Strophen.

Jede Strophe hat ____ Verse.

③ Verbinde in jeder Strophe die Reimwörter.

④ Lerne das Gedicht auswendig.
Trage es vor.

⑤ Wie sieht es im Land der Buntgemischten aus? Schreibe auf.

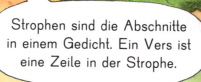

Strophen sind die Abschnitte in einem Gedicht. Ein Vers ist eine Zeile in der Strophe.

⑥ Lies die Gedichte. Erzähle.

> Treppengedichte und Plusgedichte haben nur zwei Reimwörter.

1
Dort
Dort schwimmt
Dort schwimmt ein
Dort schwimmt ein kleines
Dort schwimmt ein kleines, grünes
Dort schwimmt ein kleines, grünes Krokodil
hinter einem Stamm im Nil.

2
Im Kino unter dem Tisch
ist ein kleiner Plastikfisch.
Im Kino unter dem alten Tisch
ist ein kleiner, grüner Plastikfisch.
Im Kino unter dem alten, wackeligen Tisch
ist ein kleiner, grüner, nasser Plastikfisch.
Im Kino unter dem alten, wackeligen, roten Tisch
ist ein kleiner, grüner, nasser, vergessener Plastikfisch.

⑦ Unterstreiche in beiden Gedichten die Reimwörter.
Schreibe sie nebeneinander auf.

1 [ ] ⇔ [ ]

2 [ ] ⇔ [ ]

⑧ Suche dir zwei eigene Reimwörter.
Schreibe dazu ein Treppengedicht oder ein Plusgedicht.

Unterwegs

① Ordne die Wörter zu Wortfamilien. Markiere den Wortstamm.

Wohnung   kühl

Kühlschrank   Mietwohnung

wohnen   Verkühlung

Abkühlung   Wohnwagen

Bewohner   kühlen

Kühlfach   wohnlich

② Baue mithilfe der Fragewörter einen eigenen Satz. Beantworte die Fragen.

Wann?

Wer/Was?

fährt

Wo? Wohin?

③ Schreibe den Satz auf und markiere die Satzglieder.

④ Schreibe mithilfe der Fragewörter aus Nummer ② Sätze. Markiere die Satzglieder.

wohnt   reist   fährt

134

Merkwörter

① Schlage nach und schreibe auf.

 _____ S.   _____ S.

 _____ S.   _____ S.

② Was fällt dir auf? Erzähle.

③ Schreibe diese Wörter in der Einzahl und in der Mehrzahl auf.
   Schreibe so: die Apfelsine — die Apfelsinen

Apfelsine   Kusine   Gardine   Mandarine

Maschine   Ruine   Rosine   Kabine

④ Markiere die acht versteckten Nomen.
   Schreibe sie auf.

X	F	I	B	E	L	A	D	Ö
P	A	E	H	L	N	G	E	J
K	R	O	K	O	D	I	L	E
I	S	P	Ü	V	M	O	F	Q
N	B	I	B	E	L	W	I	G
O	F	G	I	W	J	R	N	U
K	I	E	B	T	I	G	E	R
L	W	L	U	L	E	I	P	O
Z	A	S	B	I	B	E	R	F

⑤ Übe diese Wörter.   ➔ S. 151

Sternenforscherseiten

① Lies den Text.

Leo mag die Rosinen im Kuchen seiner Tante nicht.
Seiner Mutter schmecken sie auch nicht.
Als die Tante ihm ein Stück vom Kuchen abschneidet,
rutscht ihm die Wahrheit heraus:
„Wir mögen deinen Kuchen nicht."
Seine Tante ist völlig sauer, seine Mutter schimpft.
Dabei bleibt er doch nur bei der Wahrheit.
Nun soll er auch noch über eine Entschuldigung nachdenken.
Das ist doch wirklich eine Ungerechtigkeit.
Von Frechheit hat seine Tante gesprochen.
Sein Vater meint immer, man soll nicht lügen.
Trotzdem ist seine Mutter wütend.
Was soll er bloß tun?

② Ordne die markierten Wörter. Überprüfe.

 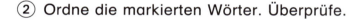

Wort im Text	Sterne	ich überprüfe
	☆	
	☆	
	☆	
	☆	

③ Erforsche weitere Wörter aus dem Text.

mein Wort im Text	Sterne	ich überprüfe

④ Markiere diese Wörter links im Text.

| völlig | Wahrheit | trotzdem | Rosinen | bloß |

⑤ Meine schwierigen Wörter:

⑥ Führt dazu ein Rechtschreibgespräch.

⑦ Ich übe den Text / die Wörter. Kreuze an.

| Abschreiben | Partnerdiktat | Dosendiktat | Schleichdiktat | Wörter üben |

Wiederholungsseiten

① Verwandle die Adjektive mit heit und keit in Nomen.
Schreibe sie mit Artikel in die Tabelle.

pünktlich   schön   tapfer   selten   fähig

faul   aufmerksam   heiter   gemein   frech

heit	keit

② Schreibe mit diesen Nomen Sätze.

③ Markiere in diesen Nomen den Wortbaustein ung.
Schreibe das Verb dazu.

Entschuldigung –

Zahlung –

Ausdehnung –

Übung –

④ Schreibe den Text in Groß- und Kleinschreibung ab.

KJELL SAGT GERNE JEDEM SEINE MEINUNG.
SEINE ELTERN FINDEN SEINE EHRLICHKEIT GUT.
ABER SEINE FREUNDE SIND OFT BELEIDIGT.
OB SIE DIE WAHRHEIT NICHT VERTRAGEN?

५ Kreise die Wortfamilien in verschiedenen Farben ein.
Markiere die Wortstämme.

sicher   fahren   Fahrrad   wahrnehmen

gefährlich   genau   wahr

wahrscheinlich   Abfahrt   Gefahr   Wahrnehmung

Sicherheit   Ungenauigkeit   sichern   Wahrheit

Genauigkeit   ungenau   unwahr

Versicherung   Fahrstuhl   Sicherung

६ Erforsche den Satz des Kapitels.

Mit   Sicherheit   haben   viele   Lehrerinnen   und

Lehrer   mit   träumenden   Kindern   Schwierigkeiten.

७ Mein Abschluss des Kapitels:

Wörterliste

A

ab
der **Abfall**, die Abfälle
die **Adresse**, die Adressen
Ägypten
ähnlich
als
alt, älter, am ältesten
an
die **Angst**
ängstlich, ängstlicher, am ängstlichsten
der **Anspitzer**, die Anspitzer
sich **anstrengen**, er strengt sich an
der **Apfel**, die Äpfel
die **Apfelsine**, die Apfelsinen
arbeiten, er arbeitet
der **Ärger**
ärgerlich, ärgerlicher, am ärgerlichsten
der **Arm**, die Arme
arm, ärmer, am ärmsten
artig, artiger, am artigsten
die **Arzt**, die Ärzte
die **Ärztin**, die Ärztinnen
auf
aufpassen, er passt auf

B

das **Baby**, die Babys
bald
der **Balkon**, die Balkone
der **Ball**, die Bälle
der **Bär**, die Bären

beißen, du beißt, er biss, er hat gebissen
bekommen, er bekommt, er bekam, er hat bekommen
bellen, er bellt
benötigen, er benötigt
der **Berg**, die Berge
besorgen, er besorgt
der **Biber**, die Biber
die **Biene**, die Bienen
billig, billiger, am billigsten
blasen, es bläst, es blies, es hat geblasen
das **Blatt**, die Blätter
der **Bleistift**, die Bleistifte
blind
blitzen, es blitzt
blond
bloß
das **Bonbon**, die Bonbons
boxen, du boxt, er boxt
der **Brei**, die Breie
brennen, es brennt, es brannte, es hat gebrannt
der **Brief**, die Briefe
bringen, er bringt, er brachte, er hat gebracht
der **Bruder**, die Brüder
das **Buch**, die Bücher
die **Bücherei**, die Büchereien
der **Bungalow**, die Bungalows
bunt, bunter, am buntesten

C

der **Clown**, die Clowns
der **Computer**, die Computer

D

dankbar
dann
davon
dazwischen
der **Delfin**, die Delfine
denn – Er fehlt, denn er ist krank.
der **Dienstag**
der **Donnerstag**
das **Dorf**, die Dörfer
draußen
dumm, dümmer, am dümmsten
dünn, dünner, am dünnsten
durstig, durstiger, am durstigsten

E

eckig
ehrlich, ehrlicher, am ehrlichsten
einladen, er lädt ein, er lud ein, er hat eingeladen
ekelig, ekeliger, am ekeligsten
die **E-Mail**, die E-Mails
endlich
eng, enger, am engsten
entdecken, er entdeckt

sich	**entschuldigen**, er entschuldigt sich
die	**Erbse**, die Erbsen
die	**Erdbeere**, die Erdbeeren
	essen, er isst, er aß, er hat gegessen
	euch
	euer
	eure

F

	fahren, er fährt, er fuhr, er ist gefahren
das	**Fahrrad**, die Fahrräder
	fallen, er fällt, er fiel, er ist gefallen
die	**Familie**, die Familien
	fangen, er fängt, er fing, er hat gefangen
	fassen, sie fasst
die	**Fee**, die Feen
der	**Fehler**, die Fehler
das	**Feld**, die Felder
die	**Ferien**
der	**Fernseher**, die Fernseher
	fertig
das	**Feuer**, die Feuer
die	**Fibel**, die Fibeln
das	**Fieber**
	fies, fieser, am fiesesten
	finden, er findet, er fand, er hat gefunden
	fleißig, fleißiger, am fleißigsten
die	**Fliege**, die Fliegen
	fliegen, er fliegt, er flog, er ist geflogen
	fließen, er fließt, er floss, er ist geflossen
	flitzen, er flitzt
der	**Fluss**, die Flüsse

	fragen, er fragt
	frech, frecher, am frechsten
der	**Freitag**
	fressen, er frisst, er fraß, er hat gefressen
die	**Freude**
sich	**freuen**, er freut sich
der	**Freund**, die Freunde
die	**Freundin**, die Freundinnen
	freundlich, freundlicher, am freundlichsten
	friedlich, friedlicher, am friedlichsten
	frieren, er friert, er fror, er hat gefroren
	froh
	fröhlich, fröhlicher, am fröhlichsten
der	**Frosch**, die Frösche
	früh, früher, am frühesten
	führen, er führt
der	**Füller**, die Füller
die	**Furcht**
der	**Fuß**, die Füße

G

	gähnen, er gähnt
	ganz – Er ist ganz müde.
die	**Gardine**, die Gardinen
	gar nicht
der	**Garten**, die Gärten
	geben, er gibt, er gab, er hat gegeben
der	**Geburtstag**, die Geburtstage
der	**Gedanke**, die Gedanken
	geduldig, geduldiger, am geduldigsten

die	**Gefahr**, die Gefahren
	gefährlich
das	**Gefühl**, die Gefühle
	gehen, er geht, er ging, er ist gegangen
	gelb
	gemein
	gemütlich
das	**Gepäck**
	gerecht
das	**Gespenst**, die Gespenster
	gesund
	gießen, sie gießt, sie goss, sie hat gegossen
	giftig, giftiger, am giftigsten
die	**Gitarre**, die Gitarren
die	**Glocke**, die Glocken
das	**Glück**
	glücklich, glücklicher, am glücklichsten
	graben, er gräbt, er grub, er hat gegraben
	grillen, er grillt
	groß, größer, am größten
der	**Gruß**, die Grüße
	grüßen, er grüßt
	gucken, er guckt
	gut, besser, am besten

H

	haben, er hat, er hatte, er hat gehabt
der	**Hahn**, die Hähne
der	**Hai**, die Haie
	halten, du hältst, er hielt, er hat gehalten
die	**Hand**, die Hände
das	**Handy**, die Handys

	hart, härter, am härtesten
das	**Haus**, die Häuser
das	**Heft,** die Hefte
	heftig, heftiger, am heftigsten
	heimlich, heimlicher, am heimlichsten
	heiß, heißer, am heißesten
	heißen, du heißt, er hieß, er hat geheißen
	heizen, er heizt
	hell, heller, am hellsten
der	**Herbst**
das	**Herz**, die Herzen
	herzlich
die	**Hexe**, die Hexen
	hier
	hinter
	hoch, höher, am höchsten
die	**Höhle**, die Höhlen
	holen, er holt
das	**Huhn**, die Hühner
der	**Hund**, die Hunde
der	**Hunger**
	hungrig
	hüpfen, er hüpft

I

die	**Idee**, die Ideen
der	**Igel**, die Igel
	ihm
	ihn
	ihnen
	ihr
	ihren
	im – Ich bade im See.
	immer
	in – Ich gehe in das Haus.
das	**Internet**

J

die	**Jacke**, die Jacken
die	**Jagd**
	jagen, er jagt
das	**Jahr**, die Jahre
	jemand
	jetzt
	jung, jünger, am jüngsten

K

die	**Kabine**, die Kabinen
der	**Käfer**, die Käfer
der	**Käfig**, die Käfige
der	**Kaiser**, die Kaiser
	kalt, kälter, am kältesten
der	**Kamm**, die Kämme
der	**Kapitän**, die Kapitäne
der	**Käse**, die Käse
die	**Katze**, die Katzen
	kaufen, er kauft
	kennen, sie kennt, sie kannte, sie hat gekannt
die	**Kerze**, die Kerzen
das	**Kind**, die Kinder
das	**Kino**, die Kinos
das	**Klavier**, die Klaviere
	klein, kleiner, am kleinsten
	klopfen, er klopft
	klug, klüger, am klügsten
	knabbern, er knabbert
	kommen, er kommt, er kam, er ist gekommen
der	**König**, die Könige
	können, er kann, er konnte, er hat gekonnt
der	**Korb**, die Körbe
	kosten, es kostet
die	**Kraft**, die Kräfte
	krank
	kratzen, er kratzt
	kriegen, er kriegt
das	**Krokodil**, die Krokodile
der	**Kuchen**, die Kuchen
	kurz, kürzer, am kürzesten
die	**Kusine**, die Kusinen

L

	lang, länger, am längsten
die	**Langeweile**
	langweilig
der	**Lappen**, die Lappen
der	**Lärm**
	lassen, du lässt, er ließ, er hat gelassen
	laufen, er läuft, er lief, er ist gelaufen
die	**Laus**, die Läuse
	laut, lauter, am lautesten
die	**Lawine**, die Lawinen
	legen, er legt
der	**Lehrer**, die Lehrer
die	**Lehrerin**, die Lehrerinnen
	leicht, leichter, am leichtesten
	lesen, er liest, er las, er hat gelesen
die	**Leute**
	lieb, lieber, am liebsten
	lieben, sie liebt
	liegen, er liegt, er lag, er hat gelegen
das	**Lineal**, die Lineale
	lösen, er löst
die	**Luft**, die Lüfte
	lustig

M

machen, er macht
das **Mädchen**, die Mädchen
der **Mai**
der **Mais**, die Maiskolben
die **Mandarine**,
die Mandarinen
man – Das kann man schreiben.
der **Mann**, die Männer
der **Mantel**, die Mäntel
das **Märchen**, die Märchen
die **Margarine**
der **März**
die **Maschine**,
die Maschinen
die **Maus**, die Mäuse
das **Meer**, die Meere
mehrere
merken, du merkst
mich
das **Mitleid**
der **Mittwoch**
mixen, du mixt
der **Mixer**, die Mixer
die **Möhre**, die Möhren
der **Montag**
müde
müssen, er muss
die **Mutter**, die Mütter

N

nah, näher, am nächsten
nämlich
das **Nashorn**, die Nashörner
nass, nasser, am nassesten
neben
nehmen, er nimmt, er nahm, er hat genommen

die **Nektarine**, die Nektarinen
nett, netter, am nettesten
nicht
nichts
der **November**

O

obwohl
öffnen, sie öffnet
ohne
das **Ohr**, die Ohren

P

packen, er packt
pfeifen, sie pfeift, sie pfiff, sie hat gepfiffen
das **Pferd**, die Pferde
der **Pilot**, die Piloten
platt
der **Platz**, die Plätze
plötzlich
die **Praline**, die Pralinen
das **Problem**, die Probleme
pünktlich
die **Pyramide**, die Pyramiden

Qu

die **Quaddel**, die Quaddeln
quaken, er quakt
quälen, er quält
die **Qualle**, die Quallen
der **Quark**
quasseln, sie quasselt
quatschen, er quatscht

die **Quelle**, die Quellen
quer
quetschen, er quetscht
quieken, es quiekt
quietschen, es quietscht

R

das **Rad**, die Räder
der **Rahmen**, die Rahmen
das **Rätsel**, die Rätsel
der **Räuber**, die Räuber
recherchieren, er recherchiert
rechnen, sie rechnet
reiben, er reibt, er rieb, er hat gerieben
der **Reis**
reißen, du reißt, sie riss, sie hat gerissen
rennen, er rennt, er rannte, er ist gerannt
der **Rest**, die Reste
richtig
der **Ring**, die Ringe
die **Rosine**, die Rosinen
rufen, sie ruft, sie rief, sie hat gerufen
die **Ruhe**
rühren, er rührt
die **Ruine**, die Ruinen
rund

S

sagen, er sagt
der **Samstag**
scharf, schärfer, am schärfsten

der	**Schatz**, die Schätze		**sehen**, er sieht,	das	**Stockwerk**,
	schenken, er schenkt		er sah,		die Stockwerke
	schicken, sie schickt		er hat gesehen	der	**Strauch,** die Sträucher
	schimpfen,		**sehr**		**streiten**, sie streitet,
	du schimpfst		**sein**, er ist, er war,		sie stritt,
	schlafen, sie schläft,		er ist gewesen		sie hat gestritten
	sie schlief,	die	**Seite**, die Seiten		**streng**, strenger,
	sie hat geschlafen		**setzen**, er setzt		am strengsten
	schlagen, er schlägt,		**sicher**	das	**Stück**, die Stücke
	er schlug,	das	**Sieb**, die Siebe	der	**Stuhl**, die Stühle
	er hat geschlagen		**sieben**		**stürzen**, er stürzt
	schleichen,		**sind**		**suchen**, sie sucht
	er schleicht,		**sitzen**, sie sitzt,		**süß**, süßer,
	er schlich,		sie saß,		am süßesten
	er ist geschlichen		sie hat gesessen		

T

	schleppen, er schleppt	der	**Sohn**, die Söhne			
	schließen, sie schließt,		**sollen**, er soll			
	sie schloss,		**spannend**,			
	sie hat geschlossen		spannender,			
	schlimm, schlimmer,		am spannendsten	der	**Tag**, die Tage
	am schlimmsten	der	**Spaß**, die Späße	der	**Taifun**, die Taifune
das	**Schloss**, die Schlösser		**spät**, später,	das	**Taxi**, die Taxis
	schmeißen,		am spätesten	der	**Teddybär**,
	er schmeißt,	der	**Spiegel,** die Spiegel		die Teddybären
	er schmiss,		**spielen**, sie spielt	die	**Terrasse**,
	er hat geschmissen		**spitz**, spitzer,		die Terrassen
der	**Schmerz**,		am spitzesten	der	**Text**, die Texte
	die Schmerzen	der	**Sport**		**tief**, tiefer, am tiefsten
	schmutzig		**sprechen**, er spricht,	das	**Tier**, die Tiere
der	**Schnee**		er sprach,	der	**Tiger**, die Tiger
	schnell, schneller,		er hat gesprochen	der	**Tipp**, die Tipps
	am schnellsten		**springen**, sie springt,	die	**Tochter**, die Töchter
	schnitzen, er schnitzt		sie sprang,	die	**Tomate**, die Tomaten
	schön, schöner,		sie ist gesprungen	das	**Training**
	am schönsten	die	**Stadt**, die Städte	der	**Traum**, die Träume
	schräg, schräger,	der	**Stall**, die Ställe		**träumen**, er träumt
	am schrägsten		**ständig**		**traurig**, trauriger,
	schreiben, er schreibt,		**stark**, stärker,		am traurigsten
	er schrieb,		am stärksten		**treffen**, sie trifft,
	er hat geschrieben		**stehen**, er steht,		sie traf,
	schubsen, er schubst		er stand,		sie hat getroffen
der	**Schuh**, die Schuhe		er hat gestanden		**trinken**, sie trinkt,
	schütten, er schüttet		**stellen**, er stellt		sie trank,
	schwarz	der	**Stiefel**, die Stiefel		sie hat getrunken
	schwer, schwerer,		**still**, stiller, am stillsten		**trotzdem**
	am schwersten		**stinken**, es stinkt,		**trübe**
	schwierig, schwieriger,		es stank,		
	am schwierigsten		es hat gestunken		
der	**See,** die Seen				

U

über
überall
überlegen, sie überlegt
überraschen,
es überrascht
überzeugen,
er überzeugt
und
uns
unsicher
unter

V

der **Vater**, die Väter
verbieten, sie verbietet,
sie verbot,
sie hat verboten
vergnügt
der **Verkehr**
versammeln,
sie versammelt
die **Verschmutzung**
die **Verwechslung**
viel, mehr, am meisten
vier
voll
völlig
vom
von
vor
vorbei
der **Vorhang**, die Vorhänge
der **Vormittag**,
die Vormittage
vorn
die **Vorsicht**
vorsichtig

W

wahr – Es ist wahr.
der **Wald**, die Wälder
wann
warm, wärmer,
am wärmsten
die **Waschmaschine**,
die Waschmaschinen
der **Weg**, die Wege
weg – Ich laufe weg.
welk
wenn – Es ist gut,
wenn es regnet.
werden, er wird,
er wurde,
er ist geworden
werfen, sie wirft,
sie warf,
sie hat geworfen
das **Werkzeug**,
die Werkzeuge
wichtig, wichtiger,
am wichtigsten
wieder – Ich komme
wieder.
die **Wiese**, die Wiesen
wild, wilder,
am wildesten
winken, er winkt
wirklich
witzig
wohl
wohnen, sie wohnt
wollen, er will,
er wollte, er hat gewollt

X

das **Xylophon**,
die Xylophone

Y

der **Yeti**, die Yetis
das **Ypsilon**

Z

die **Zahl**, die Zahlen
zählen, sie zählt
der **Zeh**, die Zehen
zehn
zeichnen, sie zeichnet
die **Zeit**
die **Ziege**, die Ziegen
ziehen, er zieht, er zog,
er hat gezogen
die **Zitrone**, die Zitronen
der **Zoo**, die Zoos
zu
zu Hause
zum
zur
zusammen
zwischen

Texte planen – Schreibziel

Texte planen – Schreibziel

Ideenblitze

Texte planen – Schreibziel

Brainstorming

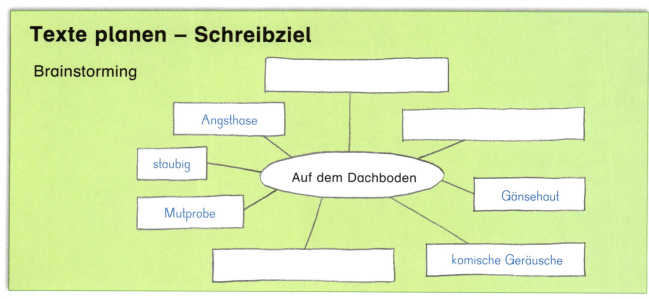

Texte schreiben – Textaufbau

Erlebniserzählung

- Sammele Ideen für deine Geschichte mit den Ideenblitzen oder dem Brainstorming.
- Schreibe in deiner Einleitung: Wer, Wo, Wann, Was.
- Schreibe im Hauptteil ausführlich und mit treffenden Ausdrücken nur von einem Erlebnis.
- Schreibe einen passenden Schluss.
- Schreibe in ganzen Sätzen.
- Schreibe in einer Zeitform.

Fantasiegeschichte

- Sammele Ideen für deine Geschichte mit den Ideenblitzen oder dem Brainstorming.
- Schreibe in deiner Einleitung: Wer, Wo, Wann, Was.
- Schreibe im Hauptteil ausführlich und mit treffenden Ausdrücken nur von einem Ereignis.
- Schreibe einen passenden Schluss.
- Schreibe in ganzen Sätzen.
- Schreibe in einer Zeitform.

Märchen

- Sammele Ideen für dein Märchen mit den Märchenkarten.
- Schreibe in deiner Einleitung Wer, Wo, Wann, Was.
- Schreibe im Hauptteil ausführlich und mit treffenden Ausdrücken.
- Verwende die Merkmale des Märchens.
- Schreibe einen passenden Märchenschluss.
- Schreibe in ganzen Sätzen.
- Schreibe im Präteritum.

Beschreibung

- Beschreibe möglichst genau.
- Beschreibe nur das, was du siehst.
- Beschreibe das, was besonders auffällig ist.
- Halte eine sinnvolle Reihenfolge ein.
- Benutze treffende Wörter und Fachausdrücke.
- Schreibe im Präsens.

Steckbrief

- Schreibe in Stichworten.
- Halte eine sinnvolle Reihenfolge ein.
- Benutze treffende Wörter und Fachausdrücke.
- Schreibe zum Schluss das Besondere auf.

Brief

- Schreibe Ort und Datum oben rechts in die Ecke.
- Schreibe die passende Anrede und einen Gruß am Ende.
- Setze ein Komma nach der Anrede.
- Verwende die passenden Anredepronomen (du/Sie).
- Überprüfe deine Rechtschreibung.

Texte schreiben – Formulieren

- Den roten Faden beachten
- Vollständige Sätze schreiben
- Zeitform einhalten
- Treffende Ausdrücke finden
- Wortwiederholungen vermeiden
- Passende Überschrift finden

Texte schreiben – Überarbeiten

Wie wir einen Text unter die Lupe nehmen:

1. Wir arbeiten in 3er-Gruppen.
2. Jedes Kind hat den Text. Die Tabelle brauchen wir nur einmal.
3. Ein Kind liest den Text vor. Alle lesen leise mit.
4. Ein Kind füllt die Tabelle aus. Wenn es fertig ist, gibt es sie weiter.
5. Die anderen Kinder markieren in dieser Zeit im Text die Auffälligkeiten und überlegen Lösungen.
6. Wenn alle Kinder die Tabelle ausgefüllt haben, liest ein Kind sie vor.
7. Nun wird der Text in Gruppenarbeit überarbeitet. Dabei muss jeder schreiben.

Textforscher:	Das finde ich gut:	Dazu habe ich Fragen:	Mein Tipp ...

Texte schreiben – Überarbeiten

Lupen

 F Roter **F**aden?

 Z **Z**eitform?

W **W**iederholungen?
(am Satzanfang oder im Text)

 S Vollständige **S**ätze?

 A Treffende **A**usdrücke?
(Verben, Adjektive, Fachwörter)

Ü Passende **Ü**berschrift?

So kannst du Texte überarbeiten:

Umstellen

- Einen Satz umstellen
- Anderer Satzanfang
- Das Wichtige steht vorn

Alexander spielt im Garten Fußball <u>mit seinen Freunden</u>.

<u>Mit seinen Freunden</u> spielt Alexander im Garten Fußball.

Streichen

Überflüssiges und Falsches streichen

Ich gehe gern zur Schule.
Dort ~~hatte~~ habe ich viele Freunde.

~~Mein Vater ist ein Maler.~~

Mein Lieblingsfach ist Deutsch.

Ersetzen

Eine falsche Zeitform ersetzen oder Wortwiederholungen vermeiden

Jana las ein Buch und ~~isst~~ aß Brot.

Sie
~~Jana~~ spielte mit ihren Freundinnen.

oder

Später sie
~~Jana~~ spielte mit ihren Freundinnen.

Ergänzen

- Sätze verbinden

Im Affenhaus ist Lärm.
Die Affen schreien.

Im Affenhaus ist Lärm, weil die Affen schreien.

- Sätze verlängern
- Spannendes, Lustiges einfügen
- Ausführlicher schreiben

Texte schreiben – Präsentieren

Veröffentlichen

Wenn du mit deinem Text zufrieden bist, kannst du ihn veröffentlichen. Schreibe ihn mit dem Computer, gestalte ein Schmuckblatt oder schreibe ihn in ein Geschichtenheft. Du kannst den Text auch vorlesen oder ein Bild dazu malen.

Spickzettel (Stichworte sammeln)

- Informiere dich zu deinem Thema und finde Oberbegriffe.
- Bringe sie in eine sinnvolle Reihenfolge.
- Schreibe dir Stichworte dazu auf, keine Sätze.
- Schreibe dir den Einleitungssatz zu deinem Vortrag auf.
- Schreibe dir den Schlusssatz zu deinem Vortrag auf.

Plakat

- Schreibe das Thema als Überschrift groß und farbig oben in die Mitte des Plakates.
- Überlege dir, wie viel Platz ein Oberthema braucht und teile das Plakat mit dünnen Bleistiftlinien ein.
- Schreibe Stichworte zu den Oberbegriffen.
- Die Schrift muss gut lesbar sein.
- Klebe Zeichnungen oder Bilder passend dazu.
- Kontrolliere die Rechtschreibung.

Präsentieren

Ich übe den Vortrag mit einem Partner oder allein vor einem Spiegel.
Ich ordne meine Materialien und lege sie mir bereit.
Während des Vortrags
- spreche ich laut und deutlich,
- spreche ich langsam und mache Pausen,
- schaue ich meine Zuhörer an,
- zeige ich am Plakat etwas oder bringe etwas zum Anschauen mit.

Schwierige Wörter üben

Ordne die Übungswörter nach dem Abc. Hahn Hai jetzt Käfer verkaufen 	Ordne die Wörter nach der Anzahl der Buchstaben. Hai Hahn jetzt, Käfer verkaufen	Ordne die Wörter nach der Anzahl der Silben. ⌣ | ⌣⌣ | ⌣⌣⌣ Hai | Käfer | verkaufen Hahn | | jetzt | |
Schreibe die Wörter auf, die für dich besonders schwierig sind. Benutze verschiedene Farben und Formen. verkaufen **Hai** **Käfer** jetzt 	Schreibe Sätze mit möglichst vielen Übungswörtern.  Der Hai verkauft jetzt den Hahn an den Käfer.	Sortiere die Übungswörter nach Nomen, Verben, Adjektiven und Sonstigen. | N | V | A | S | | Hai | | | jetzt |
Finde Reimwörter zu einigen Übungswörtern. Hahn verkaufen Kahn verlaufen 	Schreibe die Übungswörter auf und kreise den Wortstamm ein. Schreibe verwandte Wörter auf. ver(kauf)en Kaufhaus, kaufen, käuflich	Suche die Übungswörter im Wörterbuch und schreibe sie mit Seitenzahl auf. verkaufen, S. 72 Hai, S. 27 
Spinnennetz 	**Konkrete Poesie** 	**Meine eigene Idee:**

Richtig schreiben

Wie schreibe ich ab?

Ich
- lese genau.
- verdecke die Wörter.
- schreibe und spreche dabei genau mit.
- kontrolliere und berichtige.

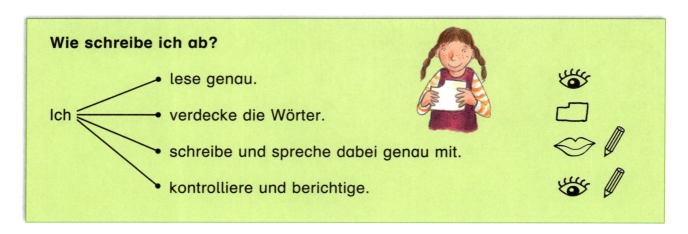

Schleichdiktat

Ich
- lege meinen Text an eine entfernte Stelle.
- lese die ersten Wörter und merke sie mir.
- schleiche an meinen Platz, schreibe und spreche leise mit.
- schreibe so den ganzen Text.
- hole mir den Text und kontrolliere jedes Wort.
- berichtige meine Fehler.

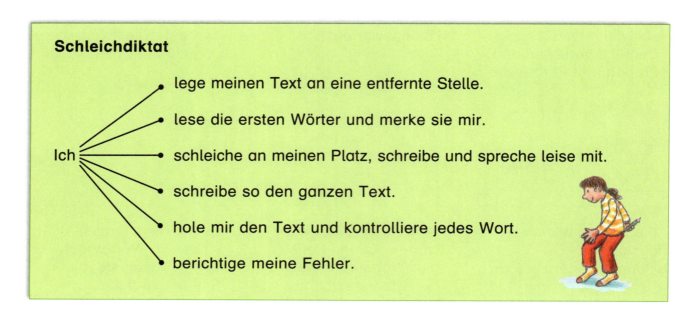

Dosendiktat

Ich
- schneide die Textstreifen aus.
- lese den ersten Streifen genau.
- stecke den Streifen in die Dose.
- schreibe den Text auf und spreche leise mit.
- wiederhole es mit allen Streifen.
- kontrolliere mit dem Text aus der Dose und berichtige meine Fehler.

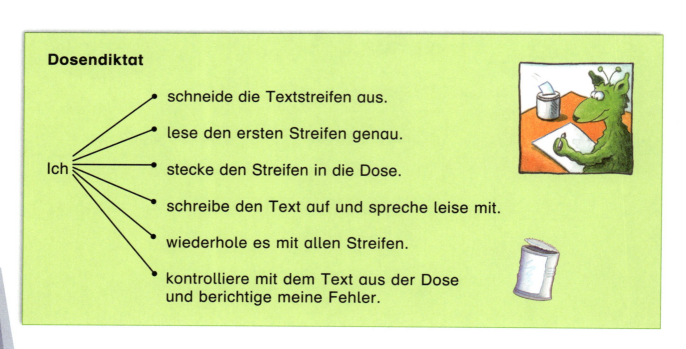

Richtig schreiben

Partnerdiktat

- Lest beide den Text gut durch.
- Sprecht über schwierige Wörter.
- Ein Kind diktiert, das andere schreibt und spricht leise mit.
- Bei einem Fehler ruft ihr „Stopp!"
- Sprecht über den Fehler und verbessert ihn.
- Danach wird gewechselt.

Rechtschreibgespräch

- Lies den Text.
- Suche die schwierigen Wörter.
- Suche dir ein Partnerkind.
- Vergleicht eure schwierigen Wörter.
- Findet Erklärungen, warum die Wörter so geschrieben werden.

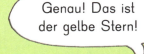

Hund schreibt man mit *d*, weil ...

Genau! Das ist der gelbe Stern!

Nachschlagen

Die Wörter in der Wörterliste sind nach dem Abc sortiert.
Ein paar Tipps:

- Wenn du ein Wort nicht finden kannst, überlege, ob es einen anderen Anfangsbuchstaben haben könnte.
- Nomen findest du in der Einzahl.
- Verben und Adjektive findest du in der Grundform.
- Wörter mit Bausteinen oder zusammengesetzte Wörter müssen auseinander genommen und einzeln nachgeschlagen werden.

Fachbegriffe

Adjektiv (Wiewort)
Wörter wie **grün**, **schnell** und **toll** heißen Adjektive.
Mit Adjektiven kann man genauer sagen, wie jemand oder
etwas ist (oder aussieht). Adjektive kann man verändern.

Kari ist grün.   das schnelle Ufo

Mit Adjektiven kann man vergleichen.
Sie verändern sich in der 1. und 2. Vergleichsstufe.
Der Wortstamm wird dabei meist gleich oder ähnlich geschrieben.

schnell   schneller   am schnellsten
warm   wärmer   am wärmsten

Adjektive kann man zusammensetzen.
Mit diesen zusammengesetzten Adjektiven kann man genauer beschreiben.

hell + grün = hellgrün

Nomen und Adjektive können ebenfalls zusammengesetzt werden.

der Blitz + schnell = blitzschnell

Alphabet
Das Alphabet (Abc) hat 26 Buchstaben:
A B C D E F G H I J K L M N O P Q R S T U V W X Y Z

Anredepronomen
Wenn man mit Erwachsenen spricht,
werden höfliche Anredepronomen verwendet.
In Briefen schreibt man sie groß.

Sie, Ihnen, Ihr, Ihre

Weitere Anredepronomen sind z. B.: du, deine, dich, unsere

Artikel
Jedes Nomen hat einen passenden Begleiter. Man nennt ihn Artikel.
Es gibt bestimmte Artikel und unbestimmte Artikel.
bestimmte Artikel: der, die, das   unbestimmte Artikel: ein, eine

der Hund – ein Hund, das Kind – ein Kind, die Schule – eine Schule

---

Endungen
Nomen, Verben und Adjektive kann man verändern.
Der Wortstamm bleibt meist gleich.
Was beim Verändern hinzugefügt wird, nennt man Endung.
Endungen sind nachgestellte Wortbausteine.

Ufo, Ufos   groß – das große Weltall   riesig
wir fliegen, sie fliegt   die Wahrheit

Grundform (wir-Form)
Die Grundform von Verben ist meist wie die wir-Form.
Im Wörterbuch stehen Verben in der Grundform.

wir schwingen — schwingen

Komma bei Aufzählung
Wenn man viele Tätigkeiten hintereinander aufschreibt,
nennt man das Aufzählung.
Man lässt **und** weg und setzt dafür ein Komma.
Nur das letzte **und** bleibt stehen.

Er möchte schlafen, spielen und Rad fahren.

Mitlaut (Konsonant)
Alle Buchstaben im Alphabet, die keine Selbstlaute (Vokale) sind,
heißen Mitlaute (Konsonanten).

Nomen (Substantiv, Namenwort)   A a
Wörter für Menschen, Tiere, Pflanzen und Dinge heißen Nomen.
Nomen schreibe ich groß.

Schule, Kind, Hund, ...

Es gibt auch Nomen für Gedanken und Gefühle.

die Wut, der Hunger, die Freude

Die meisten Nomen gibt es in der Einzahl (Singular)
und in der Mehrzahl (Plural).

die **S**chule — die **S**chulen, das **K**ind — die **K**inder, der **H**und — die **H**unde

Nomen kann man zusammensetzen.
Mit zusammengesetzten Nomen kann man genauer beschreiben.

der Regen + der Bogen → der Regen**b**ogen

waschen + die Maschine → die Waschmaschine

bunt + der Stift → der Bunt**s**tift

Ortsangabe
Mit den Fragewörtern Wo? Woher? Wohin? wird die Ortsangabe
in einem Satz erfragt.

Perfekt
Das Perfekt ist eine Zeitform des Verbs.
Wenn man etwas von früher erzählt, benutzt man das Perfekt.
Verben können in verschiedenen Zeitformen stehen.
Dabei kann sich der Wortstamm ändern.

Er ist nach Hause gegangen.   Er hat ein Spiel geholt.

Prädikat
Das Prädikat ist ein Satzglied. Es antwortet auf die „Was tut?"-Frage.
In jedem Satz ist ein Prädikat.

Lea liest ein Buch.

Präpositionen
Die Wörter **über, neben, unter, auf, hinter, vor, zwischen, in, an** zeigen,
wo sich jemand oder etwas befindet oder wohin sich etwas bewegt.
Diese Wörter heißen Präpositionen.

Präsens
Das Präsens ist eine Zeitform des Verbs.
Das Präsens zeigt an, dass jetzt etwas passiert.
Verben können in verschiedenen Zeitformen stehen.
Dabei kann sich der Wortstamm ändern.

Er geht nach Hause.   Er holt ein Spiel.

Präteritum
Das Präteritum ist eine Zeitform des Verbs.
Wenn man von früher erzählt, benutzt man das Präteritum.
Verben können in verschiedenen Zeitformen stehen.
Dabei kann sich der Wortstamm ändern.

Er ging nach Hause.   Er holte ein Spiel.

Pronomen
Nomen können durch Pronomen ersetzt werden: **ich, du, er/sie/es, wir, ihr, sie**.

Die Lehrerin fragt.   Sie fragt.

Das Haus ist blau.   Es ist blau.

Pronomen bestimmen die Endung des Verbs.

Ich male.   Er malt.

Satz
Aus Wörtern kann man Sätze bilden.
Satzanfänge schreibt man groß.
Am Ende des Satzes steht ein Satzschlusszeichen.

Am Ende eines Aussagesatzes steht ein Punkt.

Robert hat einen Computer.

Am Ende eines Fragesatzes steht ein Fragezeichen.

Wo bist du? Gehst du in den Zoo?

Am Ende eines Aufforderungssatzes oder nach Ausrufen steht ein Ausrufezeichen.

Lass das! Hilfe!

Satzglied
Ein Satz besteht aus Satzgliedern.
Ein Satzglied kann aus einem oder mehreren Wörtern bestehen.
Satzglieder kann man umstellen.
Nele war im Kino.   Im Kino war Nele.   War Nele im Kino?
Satzglieder sind zum Beispiel: Prädikat, Subjekt, Ortsangabe, Zeitangabe.

Selbstlaut (Vokal)
a, **e**, **i**, **o** und **u** sind Selbstlaute (Vokale).

Silben
Wörter kann man in Silben einteilen.
Ein Wort kann aus einer Silbe oder mehreren Silben bestehen.
Jede Silbe hat mindestens einen Selbstlaut.

Strophe
Strophen sind die Abschnitte in einem Gedicht.

Subjekt
Mit den Fragewörtern **Wer?/Was?** und dem Prädikat kannst du das Subjekt erfragen.
Das Mädchen hüpfte.
Wer/Was hüpfte? – das Mädchen

Umlaute
ä, **ö** und **ü** heißen Umlaute. Auch Umlaute sind Selbstlaute.

Verb (Tuwort, Tunwort)
Wörter wie **rennen**, **spielen**, **lesen** heißen Verben.
Verben sagen, was jemand tut oder was geschieht.

Verben verändern sich im Satz.
Es kommt darauf an, wer etwas tut.
Ich lache. – Du lachst. Er/Sie/Es lacht. Wir lachen.

Die **Grundform** von Verben ist meist wie die wir-Form.
Im Wörterbuch stehen Verben in der Grundform.
wir schwingen – schwingen

Verben haben verschiedene Zeitformen: Präsens, Präteritum, Perfekt.

Vers
Ein Vers ist eine Zeile in einer Strophe.

Vorsilben
Vorsilben sind vorangestellte Wortbausteine.
Sie können die Bedeutung von Wörtern verändern.
fliegen: **weg**fliegen, **mit**fliegen, **ab**fliegen

Wortbausteine
Wörter sind aus Wortbausteinen zusammengesetzt.
Wortbausteine können die Bedeutung von Wörtern und die Wortart verändern.

Wortfamilien
Wörter einer Wortfamilie haben einen gemeinsamen Wortstamm.
Der Wortstamm ist der Teil des Wortes, der gleich oder ähnlich geschrieben wird.

lesen, **Les**ebuch, **Les**erin, vor**les**en

Wortfeld
Wörter mit ähnlicher Bedeutung bilden ein Wortfeld.

gehen: rennen, laufen, schleichen, wandern, ...

Wörtliche Rede
Das, was jemand sagt, nennt man wörtliche Rede.
Am Anfang und am Ende der wörtlichen Rede stehen Anführungszeichen. „ "

Im Begleitsatz steht, wer spricht und wie gesprochen wird.
Nach dem Begleitsatz steht ein Doppelpunkt. :

Der Vater fragt: „Möchtest du noch Suppe?"

Wortstamm

Wörter, die denselben Wortstamm haben, gehören zu einer Wortfamilie.
Der Wortstamm ist der Teil des Wortes, der gleich oder
ähnlich geschrieben wird.

geh — **Geh**weg, **geh**en, ...

fahr — **fahr**en, **Fahr**t, **Fähr**e ...

Zeitangabe

Mit den Fragewörtern **Wann? Seit wann? Wie lange?** wird die Zeitangabe in einem Satz erfragt.

Zeitformen

Zeitformen sind die Formen des Verbs, mit denen man auf die Zeit hinweist.
Verben können in verschiedenen Zeitformen stehen. Dabei kann sich der Wortstamm ändern.
Das Präsens (Gegenwart) zeigt, dass jetzt etwas passiert.

Ich spiele. Ich gehe.

Wenn man von früher schreibt, benutzt man das Präteritum.

Ich spielte. Ich ging.

Wenn man etwas von früher erzählt, benutzt man das Perfekt.

Ich habe gespielt. Ich bin gegangen.

Zwielaute

ai, **au**, **äu**, **ei** und **eu** sind Zwielaute.
Sie bestehen aus zwei Selbstlauten.

KARIBU Lerninhalte

Kapitel	Mündlicher Sprachgebrauch	Schriftlicher Sprachgebrauch	Rechtschreiben Arbeitstechniken	Sprache untersuchen
Ich allein und wir zusammen	zu Bildern erzählen; Gesprächsregeln (zuhören, ausreden lassen); sich auf Vorgänger beziehen; gezielt nachfragen; Anfang und Ende von Erzählungen	Klassen- und Gesprächsregeln formulieren und aufschreiben; Brainstorming; passende Überschrift; Brief	Zwielaute, Umlaute; nach dem Abc sortieren WH: Selbstlaute; Mitlaute; grüner, gelber (ie oder i; e oder ö; eu oder äu), roter Stern; Wortbausteine; Großschreibung bei Nomen/am Satzanfang AT: Portfolio; Wörter üben	WH: Wörter in Silben gliedern; Wortarten: Artikel, Nomen (Einzahl/Mehrzahl), Verben, Adjektive; Zusammengesetze Nomen
Wortsalat und Sprachenmix	szenisches Spiel; Gemeinsamkeiten und Unterschiede in Deutsch, Dialekten und Fremdsprachen; über die Bedeutung von Wörtern nachdenken; Sprichwörter; Redensarten	Lügengeschichte; Ideenblitze; Textlupenarbeit (Satzanfänge, treffende Verben, passende Überschrift; Wortfeld)	Inlautverhärtung bei Verben; Wörter mit X, Y, C	Fremdsprachliche Texte und Übersetzung vergleichen; Homonyme, Personalpronomen; WH: Einzahl und Mehrzahl bei Verben; Wortfeldarbeit „gehen"
Straßenlärm und Häusermeer	erzählen zu einem Kunstwerk; Gedicht lesen und auswendig lernen; mit anderen gezielt über ein Thema sprechen; mit Adjektiven treffend beschreiben, Fachausdrücke verwenden; pro und kontra; argumentieren; Meinung äußern und begründen	Argumente (pro und kontra) sammeln und stichwortartig aufschreiben; eigene Meinung äußern und begründen; Hausbeschreibung; treffende Wörter und Fachausdrücke benutzen; sinnvolle Reihenfolge einhalten	Auslautverhärtung bei Adjektiven (Wortbaustein -ig) WH: Weiterschwingen AT: Buchvorstellung	Endungen von Adjektiven (-ig und -lich); Adjektive; Gegensätze bei Adjektiven; Deklination von Adjektiven
Lesemops und Bücherwurm	Buchauswahl begründen; Bücher präsentieren (Buchvorstellung); einem Text Informationen entnehmen (Schlüsselwörter); Büchgenre kennenlernen	Steckbrief; Infos im Text finden; Plakat und Stichwortzettel (als Grundlage für Buchvorstellung)	Trennung bei Wörtern; Wörter mit ai, tz; Adjektive mit Auslautverhärtung; Konsonantenverdopplung; Stammänderung WH: Weiterschwingen mit Stammänderung	Adjektive steigern; Fachbegriffe
Familienband und Geschwisterzoff	Reihum-Geschichten; Geschichten weitererzählen/ nacherzählen; begründen	„Roter Faden"; Texte überarbeiten; Textlupe: Umstellen/Ersetzen	Großschreibung von Nomen (Abstrakta); Redezeichen; Wörtliche Rede; Nomen in der Mehrzahl mit in/innen	Abstrakta; Nomen mit in/innen; wörtliche Rede mit vorangestelltem Redebegleitsatz; Inversionsfragen WH: Satzarten; Sätze umstellen; Wortfeld „sagen"